U0639749

教师工作减压指导

《"四特"教育系列丛书》编委会　编著

吉林出版集团股份有限公司
全国百佳图书出版单位

图书在版编目 (CIP) 数据

教师工作减压指导／《"四特"教育系列丛书》编委会编著 . —长春：吉林出版集团股份有限公司，2012.4
（"四特"教育系列丛书／庄文中等主编 . 教师全方位修炼）

ISBN 978-7-5463-8757-4

I. ①教… Ⅱ . ①四… Ⅲ . ①中小学－教师心理学－压抑（心理学） Ⅳ . ① G443

中国版本图书馆 CIP 数据核字（2012）第 045949 号

教师工作减压指导

JIAOSHI GONGZUO JIANYA ZHIDAO

出 版 人	吴　强	
责任编辑	朱子玉　杨　帆	
开　　本	690mm × 960mm　1/16	
字　　数	250 千字	
印　　张	13	
版　　次	2012 年 4 月第 1 版	
印　　次	2023 年 2 月第 3 次印刷	
出　　版	吉林出版集团股份有限公司	
发　　行	吉林音像出版社有限责任公司	
地　　址	长春市南关区福祉大路 5788 号	
电　　话	0431-81629667	
印　　刷	三河市燕春印务有限公司	

ISBN 978-7-5463-8757-4　　　　　　定价：39.80 元

版权所有　侵权必究

前　言

学校教育是个人一生中所受教育最重要的组成部分,个人在学校里接受计划性的指导,系统地学习文化知识、社会规范、道德准则和价值观念。学校教育从某种意义上讲,决定着个人社会化的水平和性质,是个体社会化的重要基地。知识经济时代要求社会尊师重教,学校教育越来越受重视,在社会中起到举足轻重的作用。

"四特教育系列丛书"以"特定对象、特别对待、特殊方法、特例分析"为宗旨,立足学校教育与管理,理论结合实践,集多位教育界专家、学者以及一线校长、老师们的教育成果与经验于一体,围绕困扰学校、领导、教师、学生的教育难题,集思广益,多方借鉴,力求全面彻底解决。

本辑为"四特教育系列丛书"之《教师全方位修炼》。

教师的职业是"传道、授业、解惑",教师的职责是把教学当成自己的终生事业,用"爱"塔起教育的基石,用自己的学识及人格魅力,点燃学生的兴趣,促进学生的健康、快乐成长。

俗话说:"教师不能半桶水。"学生专业知识水平的高低,很大程度上受老师知识水平的制约,如果教师在教学中对教材分析不透,对知识重点把握不准,要点讲解不清,那么学生听过他的课就会产生一种模糊的收获不大的感觉。因此教师必须知识广博,语言丰富,学生才能学到真正的知识。本书从新世纪、新时代经济和社会发展的要求出发,从理论与实践的结合上,对新世纪教师素质及其修养的一系列问题,做了比较全面、系统、深入的阐述。应当说,这是一项十分有意义的工作。

本辑共20分册,具体内容如下:

1.《师魂》

教师被人们称为"人类灵魂的工程师",担负着传授知识、传承文明、培养人才、提高民族素质的光荣任务。教师的最高境界需要"忙人之所闲,闲人之所忙",从有到无,从无到有;从看教育是教育,到看教育不是教育,再到看教育还是教育,这就是对教育的最大贡献,让人的精神生活世界有生机、有活力、有智慧。

2.《以礼服人》

作为教师,我们要正确领会礼仪、礼貌、礼节、仪式和教师礼仪的概念,领会礼仪的地位和作用,掌握教师礼仪的原则、方法,坚持科学发展观,为构建社会主义和谐校园而奋斗。教师的一举手一投足,甚至一颦一笑,都蕴含着教育的力量。本书从教师的个人形象、教师的服饰、教师的语言、师生关系礼仪、教师与家长沟通礼仪、同事共处礼仪、集会礼仪和社会交往礼仪等方面,系统阐述了教师礼仪的一些基本常识。

3.《教师的一生修炼》

本书将重点探讨如下诸方面的理论与实务:职业规划——自我实现的教育生涯、如何设计职业生涯、职业发展规划行动、教师入职与离职规划、新教师角色适应规划、教师专业发展规划、校长成长规则、职场诊断与修炼、潜能开发以及享受学习化教育生活等。

4.《育人先做人》

教师是学生智慧的启蒙者,学生未来的引领者。教师的质量决定了教育的质量。教师的品质决定了教育的品位。教师人格的完善能够提升教育的水准。教育职业对教师人格提出了严格的要求:在教师自身的人格教育中不断提升自我,完善人格。人格教育是一生的工作,提升自我、完善人生会伴随一个人一生的历程。

5.《教育语言随心用》

本书内容涵盖了教学语言艺术和教育语言艺术训练的方方面面。从宏观综论到微观剖析,从课堂艺术到辅导艺术,从艺术对话到精彩演讲,从个性张扬到群体发展,从全体教育到特殊教育,质朴无华,内容充实,观点鲜明,为教师深入研究和准确使用教学语言和教育语言提供了可以借鉴的经验。

6.《师者无敌》

本书编写的基本理念是:从内容构架而言,以促进教师对自身职业的理解为基础,以增进教师职业人生的完善为基本目标,以启发、引导的方式来促进教师德性的自主形成;从编写形式而言,力求摆脱单一的理论说教,从当代教师职业生活实际出发,抓住主要问题,采取生动、灵活的语体形式,把精要的论述与典型的事例结合起来,注重该书的可读性。

7.《教师的信仰》

职业精神是教师不可缺失的最本质的东西。一个教师能不能成为好教师、名教师,关键是有没有职业道德,有没有职业精神。今天的教育,缺的不是楼房,而是文化与技术;缺的不是理念,而是行为与操作;缺的不是水平,而是责任和精神。教育的希望,在于教师良心的回归、精神家园的重建。只要有了良好的精神状态,我们就有战胜任何困难的勇气,就有奋然前行的动力。

8.《看透学生的心理》

学生的心理困惑从何而来?概括来说就是一"高"一"低":高,学生是个承载社会、家长高期望值的群体,自我成才欲望非常强烈;低,其心理发展尚未成熟,缺乏社会经验,适应能力较差。正是这欲望与不能之间的矛盾造成了学生的心理问题。我们编写了本书,是期望引导老师与青少年共同克服这一难题,去打开人生的成功局面。

9.《卓越教师》

突出骨干教师的培训,既是加强中小学教师队伍建设的当务之急,又是提高教师质量的长远之计。本书在编写上提倡以培训学科带头人为目标,以现代教育思想、现代教育技术、特级教师的学术报告以及当前教改的热点问题为研究内容，源于实践又高于实践，可用做骨干教师的培训教材，也可用于普通教师的自我阅读与提高，以期使教师在不长的时间内达到或接近特级教师的水准，成为学科带头人。

10.《与学生打成一片》

如何做最受学生欢迎的老师，是每个老师都要思考的问题，也是每个老师都希望的，学校的课程很多，语文、数学、英语、科学、音乐、美术、体育等等，每门学科都有自身的特点，每个学生都有自己的喜好，我们都能真正做到让每个学生都欢迎吗？本书将教会教师们怎么样靠自己的才能和高尚的品德赢得学生的喜欢和尊重，让每一个教师都能成为受学生欢迎的教师。

11.《培养教师爱岗敬业精神》

本书从教师的角度，阐述了教师爱岗敬业所带来的深刻变化，介绍了如何爱岗敬业的途径和方法，从勇于负责、乐于服从、热情专注、自动自发、团结协作、勤奋努力、敢于创新、节俭高效等方面，结合大量教育实例和人生哲理，向广大教师提出了爱岗敬业的崇高理念和修炼方法，期盼每一个教师都能从中受益。

12.《教师职业道德与素质培养》

当前，各级教育行政部门和社会各界都非常关注师德建设，师德教育已经被列为教师继续教育的重要内容之一。本书以专题研究为主线，以典型的案例及案例分析为依托，从教师工作、生活实际出发设置情境、提出问题，突出师德教育的操作性和实效性。本书将适应新世纪对教师职业道德建设的需求，该书也适用于在校师范生以及申请教师资格者学习。

13.《教师怎样提升教学质量》

每位教师的心里都有一个美好的心愿，那就是都想使自己的教学质量得到最大程度的提高。众所周知，教学质量是一个学校的生命线，如何提高教学质量是我们每一位教师时刻都在研究、都想努力做好的一件事。要让教育不平凡，出路就在于能突破平常很容易被封闭的平庸局面。优秀的教师，会善于用智慧慢慢凿开通向教育风景的出口。

14.《教师快乐工作指导》

教师工作细致而繁琐，教师不仅要组织好各种教育教学活动，还要保证学生的身心安全。长期的忙忙碌碌、精神高度集中，教师容易产生麻木、倦怠、疲劳的职业状态。为使教师们消除职业倦怠，学会快乐地生活，愉快地工作，需要多渠道支持帮助教师们进入积极健康的工作和生活状态，从心理、物质和精神上给予帮助和支持，让教师感受到集体的关怀和温暖。

15.《教师工作减压指导》

当教师很累，这已经是所有中小学教师共同的感受。中小学教师劳动强度很大，长此以往，就很容易使教师患上疲劳综合症，导致未老先衰，甚至英年早逝的恶果，对教育的可持续发展和教师队伍的稳定十分有害。中小学教师的过劳问题应当引起政府有关部门的高度重视,以人为本的科学发展观要落到实处,不要仅仅停留在口头上。作为教师个人,我们不要只等待有关部门的措施,必须想方设法给自己"减压",以防被疲劳综合症缠身。

16.《教师文娱活动指南》

与家人、朋友一起开开心心消费课外时间与星期天,使身心从工作中彻底解脱出来,得到完整的休整,全面地恢复。要知道工作是永远干不完的,是没有最好的。我们需要多看到一些明天的太阳,让照亮别人的蜡烛燃烧得时间更久、更久……

17.《教师心理健康指南》

随着竞争愈来愈激烈,教师的工作节奏日趋紧张,精神上容易产生巨大压力,精神上和身体上的超负荷状态对健康是非常不利的。如果不注意休息和调节,中枢神经系统持续处于紧张状态,会引起心理过急反应,久而久之可导致交感神经兴奋增强,内分泌功能紊乱,产生各种身心疾病。本书力图从教师职业发展的实际需求出发,注重必要的理论引领与生动的案例分析相结合,突出专业性、应用性、操作性、可读性,可为广大中小学教师培训、自学提供借鉴,也可为高校相关专业的学生的学习、研究提供参考。

18.《教师怎样进行教学改革创新》

立足素质教育的学理,探析课堂教学的变革,反思课堂教学实践,重新审视素质教育理论,正是在实践和理论的互动中探讨我国教育的现实与未来。

19.《从历代名著中学习教育思想》

撷取世界知名教育家在世界教育史上具有重大影响和学习价值的教育名著进行选读。每位教育家及其著作均有作者简介、成书背景、内容精要、名著选读等内容。本书结合这些教育名家的成长经历,阐述了不同名著的理论内容和实践特色,批判继承了中外历史上进步的教育思想,对于提高读者的教育理论素养,提升教育工作者的教学水平和创新能力具有一定的借鉴意义。

20.《向教育名家学习教育智慧》

着重介绍当代教育家的教育思想。中国是一个教育大国,理应对全人类的教育作出自己的贡献。在两千多年的历史文明进程中,中国也确实不断为世界教育的进步贡献自己的教育思想、教育制度和教育智慧。新中国成立以来,尤其是改革开放以来,中国教育发生了深刻变化,取得巨大成就,同时,也不断涌现出新的教育思想、新的改革成就和新时代的教育家。我国一大批教育专家学者上下求索、大胆实践,为教育发展出谋划策,为教育改革殚精竭虑。他们的学术思想和教育实践直接推动了我国的教育改革与发展,并将对今后的教育实践与研究继续产生深刻影响。

由于时间、经验的关系,本书在编写等方面,必定存在不足和错误之处,衷心希望各界读者、一线教师及教育界人士批评指正。

编者

目　录

第一章

减轻工作压力的方法

1. 教师产生压力的社会原因

教师，作为一个庞大的社会群体，在我国其人数早已超千万，他们肩负着教书育人的重任，承载着传道、授业、解惑之职责，为社会培养着各种人才，在社会的进步中起着举足轻重的作用。也因此，我们的教师理应得到社会的高度关注和关照，对他们的工作成果应该有着更充分的肯定，给予他们的生活环境应该有更实质的提高。

但是，近年来，在社会进步的同时，我们社会给予老师的却是不理解甚至误解，给予老师的漫骂远比鲜花与掌声多，由此而引发的各种现象与后果却不着细想。一切，都是因为人们没能真正理解我们教师这个群体，没能真正体会作为教师这一职业的压力，没能真正了解教师的不容易。

研究教师的压力，这一话题早已开始，也一直在继续，但随着社会的发展，随着形势的改变，教师的压力也与时俱进，因群体因时间因视角而有着不同的表现。

城市教师的压力

城市学校的环境，无论硬件软件的设施都是农村无法比拟的，城市学校里的教师们在能用到最先进的教学设施的同时更领着不知比农村老师高多少的工资。但是，城市教师在有着其优越的条件的同时却也有着农村老师无法想象的压力。

人往高处走，城市那优越的条件就像磁铁一样吸引着各方面优秀的教师的聚集，很多城市学校因此而满编或超编的运转。只要做过调查就会知道，说城市里的学校聚集了教师界的精英一点也不为过。而在精英队伍中工作，这本身就是一种压力，一种激烈的竞争压力。教师们个个浑身解数也无法让自己在精英的竞争中立于不败之地，相反，稍有不顺，就有可能被更好的老师淘汰。

在农村工作出色的老师，会被城市接纳过来，非重点学校的优秀老师会被重点学校接走，而城市里工作表现不好的老师当然也就有回放农村的危险。这种竞争，如果适当，对教育质量的提高，对教师自身素质的提升都是有不少的好处的，但如果这种竞争过于激烈时，让教师们整天上紧自己的发条工作，时时担心着自己在城里某一天下岗了，城市里的教师们便在随时有失业危险的压力中超负荷的工作着。这样的压力加上老师们辛勤的付出，带来的将是身心健康的问题。从报道的北京慈济健康体检中心体检的"7000名教师健康检查只有0.6%的人是完全正常"这一数字就可以说明问题。

城市工作环境好，大家都向往，但城市的消费高却也是人所共知的。虽然城市里的老师的工资几年来已有所上涨，但面对于那飞速上升的房价，作为教师，就那一两千元的月收入，何时才能买上城里的昂贵的住房呢？如果单位没有住房福利和补贴，老师们辛苦一辈子，也许也顶不过那几十平米的房子。就拿广州老师来说，月平均工资在2500元左右。而广州的房均价至2006年7月已是6848元/平米。这样的收入与房价比，教师们忧心住房问题也就再正常不过了，他们因此而产生的忧虑和压力也可想而知了。

农村教师的压力

与城市相反，农村的学校，一般都是在缺编下运作的，虽然社会中就业一直都不容易，但就农村学校的就业条件，要留住一个老师却也不容易，要留住一个好老师更是难上加难。农村学校一直难招到好老师甚至招不到老师，已成为了不少教育部门头痛的事情，很多农村学校也不得不因此而让教师编制空缺着。而今年全国进行的清退民办教师运动更是加重了农村师资奇缺的局面。

但学校的任务却不能因为老师的不足而减少，即使老师不够用，也不得不让有限的师资去完成应该完成的任务。于是一个老师担任几个科目，一个老师做着几个老师的工作的事情也就发生了。而且，农村老师要做的不仅仅是教师的本职工作，他们还要做着有"读书无用论"的孩子们和他们的家长的思想工作，让他们不轻易放弃学业，劝他们返回学校。年初重庆学生放弃高考事件应该就给人们对这一问题的认识上了一课。农村教师在付出超量的工作的同时，多么渴望的是有新的同事的加盟，为自己减轻工作量。但这千呼万唤的等待是何时？

工作量大，这是农村教师的事实，但同样困扰着他们的还有他们的与生活息息相关的收入。虽然，相关政策与口号也一再出台，义务教育法也已开始的实施，但新学期开始了，农村教师们却难以看到工资有什么实质的增长，教师们拿着不足千元的月薪，在这个物质文明的社会中，将能享受到怎样的物质生活？而且某些地方政府根本就无法保证农村教育经费的准时投放，农村教师就那么点可怜的工资，还要像农民工的工资一样被拖欠着，教师们随时都要担心着自己下一个月的工资是否能到位，这样的日子怎样过？但日子总是要过的，穷也好，富也罢，即使在农村也一样，只是生活的质量给农村教师的心理阴影是难以抹除的。

大学教师的压力

以前一直都认为大学的老师是最舒服的，最无压力的。但随着教改的日渐进行，大学教师也开始感觉到了形势的不妙，也开始感觉到了竞争的压力，感觉到了知识更新的压力。随着教改的进行，大学生越来越多，大学开设的专业也越来越多，大学教师所担任的课程和所教授的学生当然的也会上涨，这给他们本来让人觉得轻松的工作显得不再容易。更重要的是，现在大部分大学都采用了聘任制，大学教师的饭碗早已不是铁制的，随时都有被打破的危险。而现在的招聘大学教师，如果没个研究生资格，你是不可能应聘得了的。

在大学教师队伍不断壮大和整体素质不断提高的同时，却有不少教师无法跟上时代的发展知识的更新而被淘汰。大学教师也在时代的进步中在国家的教改下加入了保卫职位的抗争，他们能做的要做的就是让自己的学识跟上时势，从而不断充电就成了大学教师不能缺少的课程，原是本科的继续读硕士，原是硕士的读博士，为的就是跟上知识的更新和学校的形势，除了充实自己的知识外也更是为了保住自己的职位。

在教师队伍中，大学教师是相对稳定和舒服的，地位也是最高的，是学识的代表，是各科目的权威，是科学的领头人。但是，2006年在学术界兴起的打击学术腐败之风，再一次掀起了人们对大学教师的地位和权威的质疑，比如清华大学原医学院院长助理刘辉教授、原同济大学生命科学与技术学院院长杨杰等的学术腐败。而由于大学生的就业难，大学毕业生质量参差不齐等也引起了人们对大学教师培养人才能力的怀疑；香港、美国高校进来竞争甚至引发了高校危机论。在社会现实与社会舆论面前，大学教师的地位受到了空前的挑战，他们在这种压力下，唯有用行动去为自己正名。

中学教师的压力

据调查，在所有的老师中，感觉压力最大的就是中学老师了。而这些压力之源，都是源于升学率。谁都知道，升学率，不是GDP，他仅仅反映的是一个学校一个地区的学生的考试能力和升学情况。但我们的地方政府却将升学率像GDP一样摆在了一个不该有的高度，以此作为衡量学校工作业绩的主要条件，以此为标准给学校拨付经费，以此为基数来评重点非重点，甚至以此来考核教育部门的官爷们的政绩。所以升学率便成了学校的一座大山，学校也因此将其作为衡量老师工作好坏的依据，更是与老师的收入正接挂钩，可以说学校是直接将这座大山转压到了教师的头上，中学老师只能在升学率这座大山的压榨下喘着粗气找着空隙干活。

升学率，这一直接明了的数字最大限度的限制了老师的个性自由性发挥，老师在升学率面前，在社会喊着素质教育的形势下，学校要的只是升学率、学生要的却是自由快乐、家长要成绩而社会要的是素质的情形下，可怜的老师被夹在中间，气都透不过来，这其中的心理压力和工作压力是一般人难以想象的。也正是因为这种升学率这座大山，将所有的中学老师都压晕了，压得无法喘气了，得出了"在所有的教师当中中学教师是感觉压力最大的教师"的调查结论。由此而滋生的劳累成病的个案常有发生（女教师劳累过度去世 300 多名学生长跪不起），而中学教师整体的身体健康和心理健康更是到了令人担忧的地步，不少老师都是在亚健康状况下或者是带病的状态下工作的，但即使如此，他们同样难以受到社会的认同，同样要承受着被漫骂与抹黑的心理折磨。

小学教师的压力

小学生教师的教学任务，相对来说应该是轻松的，但是小学教师所面对的却是一帮未成年未懂事的孩子，而且大多都是独生子女，是家长手中宝心头肉。小学教师在完成教学任务的同时，更让他们痛疼的是这帮未懂世事的孩子。当家长将学生交到老师的手中时，老师便变成了他们临时的监护人，在教他们知识的同时更要做着家长的责任，处理着孩子们离开家长的一切。在农村，随着留守孩子的增多，小学教师更是要关心着学生校外的生活与起居，学生有任何差错，家长第一个要找的就是学校和老师；而在城市，家长将孩子送来后，就像将孩子送给了一个陌生人，教师得不到他们的信任，他们深怕自己的孩子在老师手中少了根头发。只要孩子有什么不对劲，只要孩子们在家长面前投诉老师的不是，我们的老师必要准备着家长的一顿责备和一番投诉。

因此，小学教师就要像保姆一样照看着家长交给他们的孩子，而且还不能像自己的孩子一样打骂。农村的小学教师是留守儿童家长的完托，而城市的小学教师更像保姆一样难被家长信任。小学教师这种做着干着教师的活受着保姆的累，也正是小学教师区别于其他老师压力不同之处，也是一般人无法理解与承受的。于是我们有了因念错一字打歪学生嘴巴的老师，，也有没做完作业怕老师责罚而喝农药自杀的学生，这些，都是常人无法想象但又真实存在的。这也是小学教师与其他教师压力不同的主要原因。

2. 教师产生压力的自身原因

2007年，重庆市教科院组织专家所做的"教师的教学环境调查"报告显示，来自十个方面的压力让教师过得并不轻松。调查人员经过对该市500余名一线教师近一年多的调查，结果发现76.9%的教师感觉压力大，51%的教师落下"职业病"，37%的教师产生职业倦怠。

工作时间长，婚姻亮红灯

教师看似每天只上几节课，其实备课、批改作业、管理学生要耗去他们很多时间和精力。特别是班主任老师，常常是从早上六七点到学校，一直要到晚上十点等学生睡下之后才能休息。工作时间过长，给老师的家庭生活带来极大压力。

在调查中，不少中学有女教师三十多岁还没结婚（比如复旦中学就有好几位），究其原因是从早到晚都在学校，根本没时间谈恋爱。而有的学校在分校实行全封闭的寄宿制教学，很多分校的教师不得不夫妻"同城分居"。学校占据了老师太多的时间，以致不少教师的婚姻亮起红灯。

家长要求高，教师好难当

"现在的家长越来越挑剔，老师越来越难当。"很多老师在调查中称，一些过于溺爱孩子的家长给他们带来了极大的心理压力。

一老师在接受调查时说，过去家长都非常信任老师，放心地把孩子交给老师来教育和管理。现在，很多家长有自己的一套教育理念，对老师的教育方法不以为然。"孩子没有做作业，他认为无所谓；孩子与同学发生纠纷，他总认为自家孩子对。"这类家长让老师非常头疼。

有不少老师抱怨，班上几十个学生确实很难做到百分之百的公平，在诸如安排座位、选派干部等问题上稍有考虑不周，一些过于敏感的家长就会指责老师不公平，会"伤了自尊心"、"造成心灵伤害"等，让老师们"战战兢兢"。

实行招聘制，教师怕"下课"

近年来，绝大部分学校实行了聘任制，教师不再是铁饭碗，老师们担心被解聘，工作压力也越来越重。

调查中有 38.5% 的老师对学校的管理制度和领导风格不满意，但是出于对上级和领导的服从，为保全自己的饭碗，很多老师委曲求全，有好的建议也不敢提，有好的方法也不敢去试，独立的个性被磨蚀，并且过大的工作竞争压力对身心造成伤害。

调查报告认为，除了以上压力之外，教师们还存在着调整自身不良情绪的压力；找不到快乐的压力；疲劳过度对身体造成伤害的压力；收入不如其他行业的压力；学校升学率考核的压力；为职称忙碌的压力；学生家长不理解教学方式的压力等。

3. 缓解教师职业压力的对策

中小学教师面临的职业压力

（1）造成教师职业压力的原因。

心理学中把使个体产生紧张状态的刺激称为压力。认真分析一下造成教师职业压力的主要因素有：升学考试、工作负担、角色职责、工作聘任、职业声望、学历职称、学生家长和人际关系八个方面。其中排在前三位依次是升学考试压力、工作负担压力和角色职责压力。多年来应试教育的阴影以及教育资源的有限性，使得升学考试仍然是各个学校竞争的王牌，广大学生家长越来越关心孩子能否考上一所好高中、好大学，并将希望寄托在教师身上。现在有些地方的教育主管部门甚至仍将考试排名和升学率与教师晋级、奖金等直接挂钩，因而教师的考试压力绝不亚于那些面临升学考试的学子们，而且学生的考试成绩还关系到教师的荣誉和面子问题。因此，在我国教师职业压力源中，这样一个具有中国特色的主要因素－－考试压力是自然的。

在我国教师工作负担沉重是众所周知的，对于教师来说，每天并不是 8 小时工作制，尤其是中小学教师，每日除了沉重的上课任务外，还要精心备课，给学生批改作业，对学生进行课外辅导等等，基本上每天的工作时间都在 10 小时以上甚至更长，用一些教师的课来说就是"两眼一睁，忙到熄灯。"

从教师职业这一角度来说，角色压力可以说是教师行业特有的压力源。教育教学过程是一个人际活动的过程，教师的工作对象是有思想感情、有主观能动性的活生生的人，这一特点决定了教师工作的复杂性。教师一方面要传授给学生知识，另一方面有要给学生树立为人的榜样。但是由于社会上一些风气的影响，不少教师自身存在角色冲突，角色模糊问题。另外，在科技、信息高速发展的今天，学生的民主意识、参与意识、主体意识都得到极大发展，传统的教育观念和教育方法已受到严峻挑战，传统的教师角色和教师地位在当代中小学心中已不复存在，所以教师在角色职责方面的压力也越来越重。

我国正处于社会变革期，社会大气候的变化对教师的生活和工作冲击很大。20世纪90年代初，教师职业还具有相对稳定性，但经过近十几年来的发展，我国教师队伍已发展壮大，教师从数量上来说已出现相对过剩现象，且随着教育改革的深入进行，各地教育主管部门在教育管理中引入竞争机制，实行了不合格教师的待聘，下岗等人事制度改革，教师们聊以自慰的职业稳定性已不复存在。因此，伴随当前教育人事制度的改革以及教师队伍数量的相对饱和，许多教师产生了生存危机，从而使工作聘任对教师产生的压力不断增大。

另外，教师自我发展需要是随社会的发展和教育改革的深入而产生新的压力源。随社会的发展，知识经济时代的到来，新知识、新观念、新技术层出不穷，作为以传播人类文化知识的职责教师，理当走在知识海洋的前沿。人们对以"传道、授业、解惑"为职责的教师的知识机构、学历层次也提出更高的要求。越来越多的教师开始感到自身发展方面的压力。广大教师必须克服时间、经济、身体及精力等方面的诸多困难，尽最大努力丰富和发展自己，这既是社会的客观要求，也是教师敬业乐教，更好地开展工作的内部机的驱使，因而教师对自身发展的需要空前增长。但是，由于各种条件所限，只有极少数教师才有进修学习的机会，大多数教师的职业发展需要得不到满足，因此存在很大的心理压力；另外由于工作聘任，职称评定和进修机会等在教师之间会引起竞争，如果学校处理不好，也容易引起教师之间关系紧张，在一定程度上也会增加教师的职业压力。

以上种种因素表明，我国中小学教师的职业压力都来源于教师职业的特殊性，又有我国传统文化和教育现状的影响，同时还表现出当前教师压力发展变化的新趋势，各种因素综合在一起，最终导致我国中小学教师的职业压力问题日益严重。

（2）沉重职业压力对教师造成的危害

心理学研究表明，过多、过重的职业压力是人们产生身心疾病和心理问题的重要原因。过重的职业压力对教师自身产生消极影响。主要表现在心理、行为及生理等几方面。

过重压力对人心理方面的影响是极大的，最常见的心理反应有：

①焦虑，这是最常见的情绪反应，其主要特征是恐惧、紧张、忧虑、抑郁，它会妨碍人的智力的发挥，降低人的适应和应付能力。

②情绪爆发，指人过分激动、愤怒，往往不分青红皂白地指责和攻击他人或事物。

③习得性失助，主要表现为软弱、消极被动、无可奈何、无所适从和无所作为。

④认知功能障碍，强烈压力下人常有的不同程度的认知障碍，即人不能对环境因素作出客观的评价和判断，从而影响人正确的决策。

⑤自我评价下降，一个人的自我评价直接影响其动机和行为，自我评价下降会使人丧失进取的信心和勇气，在沉重的压力状态下，人的自我评价降低，焦虑水平提高。职业压力给教师造成的沉重心理负担往往又会导致教师的行为失常，表现为易怒、行为冲动不顾后果、情感失常、暴饮暴食、抽烟酗酒、旷工等等。

在生理方面，教师职业压力引起教师心理、情感和行为方面的不适应，这种不适应也会引起教师生理方面的问题。长期处于沉重压力的状况下会出现食欲不振、消化不良、神经性头疼、头晕等生理上症状。这种生理上的不良状况又导致教师心理和行为方面的种种不适，造成循环恶化，对教师的身心造成极大的伤害。教师这一职业，正在成为由于职业压力过大而引发身心疾病的"高发职业"。

较高的职业压力不仅仅对教师自身的生理和心理造成不良影响，而且由于教师职业的特殊性，教师的职业压力还会对教师的教学和学生身心发展造成不可估量的不良影响。教师的职业压力与教师的职业满意度和职业承诺呈负相关关系，压力越大的教师对教学工作和学校走式容易怀有不满情绪，教师带着沉重压力和这种不满情绪走进课堂，易出现心情不好、丧失幽默感、对学生失去爱心和耐心、容易发怒、处罚学生等行为。教师在压力下表现出的不良情绪和行为对中小学生的心理发展也会造成间接的影响，甚至对学生一生的发展留下阴霾，严重的还会对整个学校的教学造成不良影响。

解决中小学教师职业压力的策略

（1）教师自身如何减轻职业压力。

很多研究表明，使用有效的应对策略有助于减轻教师的职业压力和倦怠。就目前的情况来看，大部分教师在面临压力时能够有意识地采取一些策略来解决。但是，有些教师却是采取消极应对或是回避压力的方法，鉴于此，教师应当主动学习适当的压力应对方法在面临压力时能够有意识地进行自我调控，尽量采取主动的、积极的应对方式来缓解自身沉重的压力。比如，教师在面临沉重压力时可以从自身情况出发，找出自我的有利资源，积极计划来解决压力，尤其是初中和高中毕业班的教师，尤为沉重的压力便是升学考试压力和工作负担。面对这些压力，教师自己做出积极计划来减压是十分必要的。良好的计划性有助于教师合理地安排教学活动。安排合理、有条不紊的教学活动能有助于取得良好的成绩，也会减轻教师的压力感；面临人际关系方面的压力时，教师应该学会一些积极的情绪调节策略，如锻炼身体以发泄不良情绪，也可以向自己的好友亲友倾诉，寻求亲友的支持，听取别人的劝告和安慰，这些都是疏导不良情绪的良好办法，教师要注意的是不能总是采取回避的方式，把不良情绪闷在心里，这样日积月累，会给自身的心理和生理以及日常工作造成很大不良影响。

（2）从学校管理角度如何为教师构造和谐的心理时空。

①抓住"优势需要"。美国心理学家马洛斯把人的需要由低到高分为五个层次：生理需要、安全需要、社交需要、尊重需要、自我实现需要。我认为，人在某一个时期往往有一种占主导地位的"优势需要"。这一理论启发我们：在学校管理中，领导要善于抓住不同年龄的教师的"优势需要"。

A. 青年教师一般都有很高的工作热情，他们渴望被认可、被赞扬、被发现、被重视，领导者应充分满足每一位青年教师的发展需要，鼓励青年教师参加业务进修，善于为他们搭台子、铺路子，让每一位青年人都有崭露头角、尝试成功的机会和显露身手的空间。

B. 中年教师的成就需要

中年教师已经从事了多年的教育工作，并在工作中积累了一定的经验，他们的主导需要就是成就需要。领导者应积极为中年教师创造条件，大力支持他们从事教研、教改活动，支持他们外出学习、交流经验。对于一些能力强的要提拔应用，给他们提供充分施展能力的机会。

C. 老年教师为教育事业呕心沥血几十年，培养了一批又一批学生，应该得到学校的尊重。对老教师，领导者要给予一定的照顾，认真听取老教师对学校工作的意见。

领导者若能抓住不同年龄教师"优势需要"，则能激发教师的工作热情和创造性。

②发挥雅量效应。"雅量"是一种潇洒，一种豁答。它具有化干戈为玉帛、化解突为祥和的作用。作为学校管理者，"雅量"不可无。

教师中有心直口快，锋芒毕露的，有谨言慎语、藏而不露的，有"带刺梅"，有"猛张飞"，有"小诸葛亮"等等。在日常工作中，教师难免会在某些方面与领导者发生矛盾冲突，作为领导者要有容人的雅量，善于谅解对方，以德报怨，化解矛盾。而对自己则要有错必纠，对教师提出的意见要认真分析，正确之言，虚心接受；逆而之言，听而不怒；不妥之言，解释疏导。只要领导诚心待人，久而久之，就会营造一种宽松和谐的人际氛围，在这样的工作环境中，教师的工作效率会有所提高。

③丰富多彩的业余生活。丰富多彩的业余活动能充实教师生活，调整教师的心态。因此，领导者要培养教师调节身心的意识，适时开展丰富的活动，有利于活跃教师身心，缓解在教学中遇到的压力，提高教学效率。

总之领导者要把握好教师的心理特点，了解教师心愿、抱负和能力，顺应教师身心发展规律，为教师构建和谐的心理时空，使教师以饱满的精神，良好的状态走进课堂。

（3）促进教师心理健康，社会应做哪些努力。

从社会角度来说，提高教师心理健康水平也需要全社会的努力，通过各种媒体的宣传和国家法律法规的规定，营造全社会尊重教师，关心教师的社会氛围，真正形成"尊师重教"的社会风气。

①改革教育体制，为教师成长创造良好的氛围。教师压力和心

理不健康一大诱因是教育体制带来的。长期以来以学生的考试成绩作为衡量教学成绩和工资奖励的制度给教师带来了很大的压力，不但使教师只以提高学习成绩为教育目标。而且易导致教师和同事之间的关系紧张，与学生之间的关系对立，与领导之间的矛盾激化，使教师长期处于一种不和谐的气氛之中，这种教育体制不利于学生的发展，对教师本身也带来巨大伤害。

②应提高教师待遇，免除教师后顾之忧。教师心理健康的一种突出表现就是教师往往有很强的自卑感来自于教师地位低下、物质生活水平差。据《市场经济报》的一项调查，教师职业排位第九，属于第三层级的职业，换言之，社会地位偏低，缘何如此？经济收入较低是一个重要原因。目前，大面积拖欠教师工资的现象仍然存在，只有教师所付出的劳动和他们所得的回报相平衡时，教师才没有顾忌，没有很大的压力的情况下投入教育事业。

4. 减轻教师压力的应对方法

最近，国家中小学心理健康教育课题组对城乡 2292 名中小学教师检测发现，50% 的教师存在心理障碍，68% 的教师感到压力大，21% 的教师已厌倦教学。可见，教师职业倦怠已成为一种较为普遍的现象，这给教师群体的身心健康、学生的培养和教育的可持续发展带来的负面影响是非常明显的。的确，教师面临着来自各方面的压力：职业竞争的日益加剧、家长的要求越来越高、社会的关注日趋强烈、自身专业成长的迫切要求等等。这些压力使得很多教师出现了情绪焦虑、压抑、自卑，嫉妒、喜怒无常等不正常的反应，如果不能及时、正确地"减压"，教师就会产生严重的心理疾病，轻者无法进行正常的教育教学，重者甚至会发生意想不到的悲剧。

老师，您会"减压"吗？以下四种"减压"方法，是我的实践体会，您不妨试试。

一、用汗水去冲刷压力

有压力了，您不妨把工作放放，来到操场，打一场篮球、踢一会儿足球、玩玩羽毛球、打打乒乓球，和学生一起感受游戏和运动的快乐。运动后，和煦的阳光照在您的身上，感觉会很温暖、很舒服的。汗水带来了重负后的解脱和付出后的快乐，也冲刷掉了您的压力。

二、用友情去冲淡压力

取出珍藏的毕业留言册，重温一下老师和同学的祝福，想想当年快乐的时光，回忆每个同学青春的笑脸，学生时代的点点滴滴会使您的压力变淡的；给好友打个电话，唠唠工作之外的一些彼此开心的事情或者约朋友出来坐坐，喝杯茶，谈谈心。淡淡的茶香、浓浓的友情，也会冲淡您工作中的压力。

三、用童心去冲掉压力

童年的您充满很多快乐，那每个快乐的细节一定记得很清晰吧。翻开相册，看看童年的自己笑得多么开心、多么灿烂，回忆一下每张照片背后的故事，沉浸在童年趣事中的您，还会有压力吗？如果忽然想到或看到自己童年时爱玩的那个游戏，就带孩子到外面去开心地玩一次，充满童心的您会在孩子的笑声中忘掉生活的压力。

四、用勇气去冲击压力

其实，有很多时候，对待"压力"，并不是一定要去避开它，才能"减压"，用我们的勇气去冲击压力同样可以达到"减压"的效果。欣赏一下自己各种不同时期、不同领域的奖励证书，想想自己曾经的辉煌，回忆一下昨天的奋斗历程。你就会觉得，困难并不是坚不可摧的，冷静的思考加之辛勤的付出就能战胜它。有了挑战的勇气，压力当然就离您而去了。

5. 教师减压要先为学生减负

调查表明，76.9%的教师感觉压力大，51%的教师落下职业病，37%的教师产生职业倦怠，如何为教师减压，就成了一个如何体现关爱教师的社会问题。

为教师减压，不仅体现对教师的关爱，也体现对学生的关爱，体现对社会和未来的负责。因为教师压力太大，必然会转嫁到学生身上；由于教师压力太重，学生负担太重，教育就不可能健康发展；如果培养出来的人不是健康的，社会的和谐与未来的繁荣就没有希望。

但要真为今天的教师减压，绝非易事。因为跟以前的教师相比，最大的不同，是工作的对象变了。教育独生子女，教师遇到的是千年教育不曾遇到过的难题。首先，孩子只有一个，这个孩子有出息，家庭就有希望；这个孩子没出息，家庭就没有希望。一个孩子，就是一个家庭的希望。一个班级40个学生，老师就得承受40个家庭希望的重压。其次，孩子只有一个，如有半点闪失，毁掉的就有可能是整个家庭的希望。所以，这样的闪失，哪个家庭也承受不了。老师每天都要确保40个学生不能有任何闪失。再次，孩子只有一个，无数的宠爱与栽培，都集中在一个孩子身上。什么没见过，哪里没去过？在见多识广的学生面前，要保持师长的尊严，都不再是一件容易的事。更为严峻的是，独生子女都是在大人堆里长大的。他们早把大人琢磨透了，对付大人，他们有的是招。而要对付这样的孩子，有效了千年的许多方法，都有可能不再有效。而现在的教育，恰恰还在沿用千年的老办法，这也许正是许多教育方式为什么低效、无效，甚至负效的根本原因。所有这一切，都会转化成压力，压在教师身上。至于工作业绩的压力、社会评价的压力、聘用制度的压力，其实，也都源自于这一根本的压力。

教师压力加大，必然导致学生负担加重。现在学生的在校时间普遍在延长。虽然有许多地方，规定了学生早上到校的时间底限，但中午可以挤，下午可以挤，晚上可以挤，周末可以挤；而挤了学生多少时间，教师是必然要赔进去多少时间的。为了怕出事，不仅小学生有规定，除了上厕所，下了课也不准离开座位，甚至初中生、高中生，也开始有这样的规定；而规定越多，落到教师身上监督执行的责任也就越重。学生负担重到不堪忍受的时候，也必然是最难对付的时候，这反过来又必然会增添教师的压力。恶性循环，由此而来。

不能为教师减压，就不可能真正地为学生减负。但要为教师减压，就不仅仅是学校的事，是校长的事，是教育行政部门的事，它需要全社会的理解与配合。但是，不给教师随意增压，却是学校、校长与教育行政部门都可以做的。譬如严格控制学生的在校时间，尽量缓解而不是助加升学竞争的压力，不用因噎废食的方式来规避意外……立足于通过给教师减压，来为学生减负，可能是一条治本之路。因为和谐的教育，应该是充分快乐的教育。为此，要表达一个教师节过后的期待，就是：让每个教师的工作都能"勤奋并快乐着"！

6. 教师缓解工作压力的步骤

所谓健康，不仅指躯体健康，而且还包括心理健康。世界卫生组织对健康的定义是："健康是一种身体上、精神上和社会上完全安宁的状态，不只是没有疾病。"

面对繁重的工作压力，应保持冷静的思考和稳定的情绪，遇事冷静，客观地做出分析和判断。

不要过于计较个人的得失，不要常为一些鸡毛蒜皮的事而动辄发火，愤怒要克制，怨恨要消除。

保持和睦的家庭生活和友好的人际关系、邻里关系，这样在遇到问题时可以得到各方面的支持。

中医学中认为，"过怒伤肝，过喜伤心，过思伤脾，过悲伤肺，过恐伤肾"，各种情绪的过度都对健康不利。总之，愤怒时要制怒；过喜时要收敛；悲伤时要转移；忧愁时要释放；焦虑时要消遣；惊慌时要镇静。无论遇到什么事情，都要随遇而安，泰然自若。

7. 做"呼吸操"减压的方法

（1）腹式呼吸：缓缓吸气，使腹部鼓起，然后再把气慢慢呼出。动作从容舒适，像熟睡之态，具有安定神经的作用。

（2）胸式呼吸：深吸气，使胸不断扩张，然后不间断地慢慢把气呼出。

（3）上胸式呼吸：将两手掌按在锁骨上，然后上胸部扩张吸气，待吸气后再向外呼气。呼吸要均匀，节奏可逐渐加快。

（4）深呼吸：吸气时，依次鼓腹、扩张胸部、扩张上胸部，使胸、腹腔处于"饱和"状态，然后再逆序呼出气体。

（5）节律呼吸：走 3~4 步用鼻吸气，再走 3~4 步用鼻呼气。步速与呼吸节律要很好地配合。

（6）强烈呼吸：先吸足气略憋片刻，然后将嘴噘成圆形向外急速呼气 3 次。其动作似吹口哨一般。

（7）激励呼吸：先吸足气略憋片刻，然后通过齿缝向外呼气，并发出"嘶嘶"声。

（8）净化呼吸：立姿，两脚开立同肩宽。用鼻做深吸气，同时两臂缓缓经侧方平举至上举。待吸足气后（两臂恰成上举），两臂急速下放似"挥砍"，张口吐气的同时高喊一声"哈"。这一练习有助消除精神紧张，并能使长期郁积在肺部的浊气排外。

8. 怎样不让工作压垮自己

我们生活在一个充满紧张的世界，不安因素环绕在我们身边，城市中各种机器音响造成一片紧张，这是一个事实。我们的脸上或言谈中随处都显现出一种紧张。紧张已经完全深入我们的生活中和工作中。有些人能把握自己，可以完全不让压力上身，也不让压力击倒。

人多少都要有一些压力和紧张，某种程度的压力和紧张是必要的。正常的紧张可以让人保持奋发，不断受到刺激，让人在高效率之下创造性地工作。但如果我们能学会控制紧张，那未尝也不是一件好事。我们要学会控制紧张，就像看电视一样，能开能关。这样才能运用紧张来为我们的目标服务。当紧张给我们形成高度的压力时，我们可以随时关上它。当你需要轻松时，如果能从紧张之中释放出来，就可以将所有压力排除。

如果把带来压力的紧张关掉，是可以做得到的。有一种方法，首先，集中你的心力。从眉毛开始，将双眉紧锁，再收紧下巴、唇部和咽喉部分的肌肉，一点也不放松。将这些肌肉绷紧，再往下到肩部，用力握紧双拳，收缩腹部肌肉，将膝盖压紧。最后让你的双脚用力踩着地面。

如果你照上面所说的做了，你全身每一条肌肉已紧绷，就这样持续一分钟，感受你这样全身紧张需要用多大力量。

有许多人一天24小时都是这么紧张，可能不是同时全身肌肉都紧绷，也许一会儿是喉头，一会儿是肩膀，或者是大部分人都紧张的胃部。我想说明的重点是，因为如此紧张，许多体力都浪费了。紧张需要付出精力，除了造成疲劳和烦恼之外，什么好处也没有。

现在，再重新来做这个试验。从紧张中放松下来。把前面的过程做一次。从眉毛、下巴、嘴唇、喉咙，然后肩部、双手、腹部与大腿，一直到脚部，慢慢放松。自己要假想一切都是自由自在的，让肌肉全部放松，沉沉地坐在椅子上，想象全身没有力气，让椅子承受自己的全部重量，肌肉不必担负任何重量。自己放松了，全身上下都松弛下来。

其实，人在身体方面的压力，实际多由心理紧张而引起。我们内心被一个问题所困，身体也会被其所困。我们的肌肉会紧张起来，不知不觉会使我们感到压力。所以我们必须控制压力，保持冷静沉着。

人在紧张、繁忙的工作生活环境之外，应该有一个私人的休息场所，可以用来调整精神。因为"能力来源于沉默和信心"。要领悟生命的深层意义，一定不要受时间的束缚，而要保持身体和精神的安静。

成功的积极思考者是如何放松及保持心境稳定的呢？他们都遵循一套固定模式。举例来说，他们"研究过去的成功"。研究过去是如何成功的，然后再看是否可以把成功的技巧运用到一个工作上去。

成功之后要分析一下成功的原因，看看是不是可以把成功的经验运用到下一项工作中。成功人士还应该学习如何组织，从而消除各种给自己带来紧张的因素。大多数成功的积极思考者都是明智之士。他们知道无法同时处理许多事，明白自己只是"团队"的一部分，团队之中仍有许多人，必须学着训练和鼓励别人，并且相信他们可以处理好所负责的那部分工作。

这样的人就知道勇气和安宁的真正源头。他们有足够的心智可以理解精神的重要。知道精神越重要，自己就越渺小。如果我们学会了如何保持平静，那么不论情况如何紧急，都能泰然处之。

名医师凯瑞尔说："嫉妒、仇恨、恐惧之情，如果成了习惯，会使我的器官发生变化，产生疾病。但是，也有的思想可以使我感到健康愉快，譬如爱心、信仰与和平的思想，这些思想需经由系统的引导，慢慢融入思想体系之中。"

生活中遇到的紧张状况，会影响心情，甚至会使血压升高，进而影响心脏和脾胃，我们可以运用上述的健康思想改变心情，保持心理的正常和谐。坚持一周推行这种思维。每一则都要仔细阅读多遍，力求更深层次地理解，寻求每个字的意义，然后再一一记下。

另外一种消除紧张的方法，是与自己说话的方式。可以试试看，当我们一直说着紧张的事时，便会变得容易紧张。嘴巴说的话正好可以反映出一个人的思想，这是互相影响的。当一个人心情紧张，说话就会不由得嗓门变大。如果说话时不再紧张，慢慢的这种讲话习惯也会影响一个人的思想。所以自己该试着降低说话音调及速度，尽量使用平静的语调及字眼，这就可以改善人的紧张心理。

说话时要轻松自在，注意声音的高度，随时要有所节制。如果在未说完之前被人打断，自己要心里知道，可能那个人是因为内心紧张，就让他先说好了。等他说完，自己再接着说，或许就不想再说了。这是现代人因为紧张而形成的恶习，不论是否有话说，反正开口叽里呱啦一番就好了。

放轻松说话，如同我们在做其他事的时候一样，它可以让我产生宁静祥和的感觉。

当我们感到紧张时，可能的话，去度个假吧！将自己的手表暂时摘下来，在生活中寻找并建立和平的小岛，学着储存一些能够放松自己的能量。如果实在抛不开紧张的生活，要学会说"请等一下"这句话，使心灵中充满安宁的思想，保持冷静。避免匆忙地完成目标，学会后退计划，安排足够的时间来完成目标。如果能切实遵行上述要点，我们便能轻松去享受一种安宁祥和的生活，自然不会受到外来压力的影响。

9. 改善环境以减轻工作压力

压力并非不可清除。在多数情况下，可以通过采取以下的行动把压力从你的生活中赶走。增加物质资源通过增加资源可以减轻负担。这意味着装备或物质的增加，比如，增加一台电脑也许会减少你工作上手工劳动的一些压力，使工作效率提高。

安排好自己以减轻压力等级。重新安排你的家庭或工作环境将会减轻你的压力等级。你可以改善办公桌椅的位置，与家人分担家务，或接受商品配送服务，这会减轻你的生活负担。开敞式布局的办公室特别容易分散注意力，尤其是当工作需要高度集中精力的时候。找到一个安静的地方意味着一项通常需要好几天才能完成的报告可以在较短的时间内完成，而且质量也能提高。

也许你打算在家里做那些特别复杂的工作，这不仅能为你节省花在路上的时间，而且会较少受到打扰。或者，试着预定一间会议室或空闲的办公室。

10. 怎样避开某些工作压力源

躲避压力源将是脱离令人不满意的工作、尴尬的人际关系及较差的生活条件所带来的无可忍受的压迫感的一种最好的方法。你可能需要在生活中避开某些令你感到压力的人，这会使你有所放松。与此同时，你也可以试着改变自己的行为方式，诸如感觉到自己会冲动时做一分钟的深呼吸，以使自己冷静下来，如此等等。

当然，躲避压力源并不能够将它的影响完全消除，但它确实是一种暂时缓解压力的最有效、最方便的方法。避开压力源可以使你安然度过一段不太长的时间，但很少能成为一劳永逸的解决之道。这样一来，你可能将不得不应付压力带来的潜在影响。因此，试图找出根源对问题加以根本解决显得至关重要。例如，如果发现做陈述是一件令你感到有压力的事，你很可能会试图摆脱它。然而，从长期来说，仔细思考到底是什么使你在做陈述时感到焦虑不安，并试着解决这些潜在的因素，这将是更有意义、更值得去做的事情。

11. 用行动应对工作压力的办法

一次只担心一件事情

女人的焦虑往往超过男人。哈佛大学的研究人员对 166 对夫妇进行了 6 个星期的研究，发现了因为女人们更爱方方面面地考虑问题，所以女人们比男人更经常感到压力。她会考虑自己的工作、体重，还有每个家庭成员的健康等等。

每天集中精力几分钟

比如现在的工作就是把这份报告打好，其他的事情一概抛在脑后，不去想。在工作的间隙，你也可以花上20分钟的时间放松一下，仅仅是散步而不考虑你的工作，仅仅专注于你周围的一切，比如你看见什么，听见什么，感觉到什么，闻到什么气味等等。

说出或写出你的担忧

记日记，或与朋友一起谈一谈，至少你不会感觉孤独而且无助。美国的医学专家曾经对一些患有风湿性关节炎或气喘的人进行分组，一组人用敷衍的方式记录他们每天做了的事情。另外的一组被要求每天认真地写日记，包括他们的恐惧和疼痛。结果研究人员发现：后一组的人很少因为自己的病而感到担忧和焦虑。

不管你有多忙碌，一定要锻炼

研究人员发现在经过30分钟的踏脚踏车的锻炼后，被测试者的压力水平下降了25%。上健身房，快走30分钟，或者在起床时进行一些伸展练习都行。

享受按摩的乐趣

不只是传统的全身按摩，还包括足底按摩，修指甲或美容，这些都能让你的精神松弛下来。

放慢说话的速度

也许你每天的桌上摆满了要看的文件，你的右手在接听电话，左手还要翻看资料。你要应付形形色色的人，说各种各样的话。那么你一定要记住，尽量保持乐观的态度，放慢你的速度。

不要太严肃

不妨和朋友一起说个小笑话，大家哈哈一笑，气氛活跃了，自己也放松了。事实上，笑不仅能减轻紧张，还有增进人体免疫力的功能。

不要让否定的声音围绕自己

领导也许会说你这不行那不行，实际上自己也是有着许多优点

25

的，只是领导没发现而已。

让自己彻底放松一天

读一篇小说，唱歌，啜茶，或者干脆什么也不干，坐在窗前发呆。这时候关键是你内心的体味，一种宁静，一种放松。

至少记住今天发生的一件好事情

不管你今天多辛苦，多不高兴，回到家里，都应该把今天的一件好事情同家人分享。

腹式呼吸

深呼吸，而且动作愈慢愈好，吸气时肚子会慢慢胀起来，憋住5秒才呼出，吐气时肚子再慢慢沉下去，如此重复几次。这是东西方共同的舒压方式，气功、瑜伽等都是用这种腹式呼吸法。

全身心放松

找时间将自己的身心尽量放轻松，从喉咙、心、胃往下想到丹田里，即所谓的意守丹田，盘坐或躺着都可以，主要就是全身放松，尤其是肩膀，要想办法把所有的压力都卸下来。

泡脚

通常我们的脚底都会累积很多酸性物质，利用泡脚的方式不但可以打通气血经络，消除酸痛，还能延年强身。除了饭前、饭后不宜泡脚，不分季节，也不分老人、小孩、孕妇、生病的人都适用。

12. 怎样为工作压力做准备

工作中的压力触发点是显而易见的，但是很难对毫无经验的人解释为什么要在起步时期用高压手段训练员工，维持团队的紧张气氛。当新员工做好工作准备时候，控制压力就变得非常重要，以至于受过专门培训的压力专家要和经理商议如何监督、控制员工及其家人的压力水平。得知老家家庭成员得到了很好的照顾对城市中工作的打工族来说是个巨大的安慰，所以每支团队都要担负起建立家庭慰问队的责任，帮助员工缓解压力。这些努力有助于控制经常出差员工的压力，而且能跟员工的家人一起防止他们在外出现差错。

为了降低压力，员工要了解他们的战斗任务，知道自己将在多长时间内离开家，会在怎样的条件下工作和生活，并熟悉业务的详细情况。员工的家人也会得知他们的亲人在公司的情况。有的公司还为全体员工的家人提供额外的医疗服务，解决遗留问题，提供法律援助，告诉每个人都可以立遗嘱、聘请律师，并帮助他们处理其他一些问题，以免员工和他们的家人心慌意乱。一有机会，员工就会有额外假期与家人团聚。每个家庭都将获得咨询服务，使每个人都做好准备并逐渐适应他们加班不回家的情况。

有些人能很好地应付这些压力，而另一些人则无法做到。很多人把这种情境当成一个困难或生活中的不便之处，而另一些人则一下就被压垮了，并认为这种情境不可能改变。因此，预先对压力反应做出判断是非常重要的。如果压力得到了控制，或被最大限度地降低了，员工们以良好的态度进入工作状态，就更容易创造佳绩。在学习如何最大限度地控制压力之前，很重要的一点是了解什么是压力触发点。员工们会遭遇到各种类型的压力，使他们坚持下去的是他们面对这一切的态度。

13. 制订解除压力的方法

形成良好的工作习惯

（1）有合理的工作计划，列出明天你所能预见的工作。

（2）按照工作的重要性和紧急性做出划分和排序。

（3）依照排序、有条不紊地把工作完成。

（4）写当天工作日志，总结工作经验。

工作中注意心态调整

（1）遇到不喜欢或不擅长的任务，视为挑战。

（2）工作中不需要借口，更多是解决办法。

（3）完成工作后或者是突破难关后，自我奖励。

（4）倘若失败，让客观分析成为一种习惯。

（5）过多地自责，等于削减团队战斗力。

建立良好的办公室关系

（1）了解自己在工作中的责任和义务。

（2）与同事建立有益的、愉快的协作的关系，但是不要在办公室窃窃私语。

（3）与领导建立有效的、支持性的关系。

不要给自己无谓的压力

（1）减少自己所关注的琐事数量。

（2）对自己无法控制的事情就由它去。

更好地休息后才可以更好地工作

（1）刻意消除眼睛疲劳。

（2）忙里偷闲，活动一下肩膀等。

（3）下班后，尽量脱离与工作相关的事情。

（4）保证充足的睡眠。

（5）让自己的办公环境更亲切。

困惑时及早倾诉

"无压"人士在感到困惑、棘手或难过的时候，总会毫不掩饰地寻求朋友的帮助。当事情变得非常困难或身陷焦虑的时候，向朋友吐露诉说，仅仅是倾诉本身，也能使人获得释放，或许还会得到好的建议。

从不耽搁迟延

能在今天办完的事不会拖到明天，能在当时办完的事不要拖到数个小时之后。因为很多事情搁着未做，本身就能造成巨大的心理压力。

善于分配任务

"无压"人士从来不会认为任何事都非得亲力亲为不可。分配任务，很多人都会认为是领导对下属的事。其实，除了对下级分配任务，还可以分配给自己的同事或合伙人、分配给其他服务性机构。

知道适时说"不"

"无压"人士感到力所不能及时，会坚定地说"不"。"我很想帮你，但我手头还有另外的事要办。"在分身无术或无能为力时，"无压"人士不会一味逞能。在拒绝别人的时候，不一定要把原因解释得一清二楚。

14．用自己的行动方式缓解压力

"无压"人士总能安排出一定的时间尽情去做和工作无关而又一直想做的事。娱乐方式各种各样，但效果却非常相似：让自己释放压力，领略到生活中美好的、值得享受的内容，从而恢复对生活和工作的激情和热爱。可尝试用以下方式自我缓解压力。

（1）泡个热水澡，水温高约在37℃到39℃左右，可有效地缓解绷紧的肌肉与神经，减轻压力。

（2）换上宽松的衣物，以棉质为主的家居服。女性也请卸除内衣，可穿深色的家居服，可缓解衣物带给身体的沉重感。

（3）室内灯光以黄色为主，不易刺激眼球，既能缓解眼部的压力，也能缓和室内气氛。

（4）晚餐时以清淡食物为主。避免吃辛辣、油炸食物，或是停留在胃中时间较长的高蛋白高热量食物，以免增加胃肠的负担。

（5）晚餐后可来点不含酒精、不含咖啡因等刺激性物质的饮料，以免睡觉前给情绪带来压力。

（6）睡前将腿抬高，或是脚下垫个枕头30度、45度或是90度都可。因为长期的站立或坐姿会造成下肢血循不良而肿胀。

（7）尽量在晚间11时到凌晨2时上床入睡。如果你真的有很多公事未完成必须通宵的时候，可以先去睡到2时以后再起床，因为11时到2时这个时间是人体经脉运行至肝、胆，若这个时间没有得到适当的休息，时间久了这两个器官所承受的压力就会表现在皮肤上，如粗糙、黑斑、青春痘、黑眼圈等问题。

（8）静坐休息，哪怕一天里用5～10分钟安静地坐一坐，什么也不要做，把精力集中到周围的声音上，集中到自己的感觉上，自己是否有哪个部位感到不舒服。当你静坐时，心跳放慢、血压下降，也就是说，压力的症状有所减缓，有能力控制局势了。当局势失控时，也是压力最大的时候。我们无法改变过去，但能把握现在。

（9）放声大笑，手里拿点能发笑的材料，例如：笑话书，也可以回忆看过的喜剧电影……当你发自内心地大笑时，体内引起压力的激素可的松和肾上腺素开始下降，免疫力增强。这种效果能持续24个小时。有趣的是，当你预感即将大笑时，这种效果就已经开始有了。

（10）倾听音乐，当你接受一项重大任务时，听听你喜欢的任何旋律的音乐。如果工作场所不能播放音乐，离家时带上小收音机或戴耳机的录音机。

澳大利亚进行过一项试验：两组大学生被要求准备一份报告，一组工作时十分安静，另一组有音乐，这两组的大学生工作都很紧张，静悄悄准备报告的大学生们血压上升、脉搏加快，而边听音乐边工作的人血压和脉搏都很稳定。

（11）走路散步，从桌子旁或沙发里站起来，就算走几分钟也好。专家证实，散步有助于平静内心。据观察，一批志愿者负责照顾弱智老人。这是一项非常紧张的工作，志愿者中的人每周坚持散步 4 次的，很少烦恼不安，睡眠也好得多，血压保持正常。如果每天抽不出半小时散步也没关系，当你感到紧张时，走上 5 至 10 分钟，同样会有明显效果。一开始感到紧张就走上几分钟，镇静作用最大。

15. 选择适合自己的减压方法

放慢呼吸

放慢呼吸 5 分钟，每分钟用腹部做深呼吸约 6 次，也就是说，用 5 秒吸气和用 5 秒呼气，通常压力大时呼吸既快又浅。几次深呼吸就能挺起肩膀和放松肌肉。"5 秒吸 ~ 5 秒呼"的呼吸节奏跟血压波动的 10 秒自然循环相一致。这种同步不仅使人迅速平静下来，还有利于心血管系统的健康。

如果连这点时间也挤不出来，专家还建议，在手表或座钟上画个白点。当目光落到白点上时做 2 ~ 3 次深呼吸。就会惊奇地发现，整个人立刻会平静下来了。

轻松起床

晚上躺下入睡前或早晨醒来起床前，在床上用 5 分钟放松全身：

先绷紧脚趾，后渐渐放松。接下来脚掌、小腿、大腿、臀部，直到上身和脸部肌肉。

家庭缓解法

俗话说每个成功男人的背后，都有一个默默支持他的女人，家庭的和睦与事业的成功绝非水火不容，它们的关系是互动的，只有处理好家庭和事业的关系，得到家人的关心和支持，事业上才可能取得更大进步。家庭，是人永远的避风港。

环境缓解法

有些人几年都没有休过假，甚至占用周末加班工作，如果是这样，不妨给自己放个假，到一个自己一直向往的地方去旅游。

体育缓解法

身体是革命的本钱，现代人把时间花在赚钱上，又把钱花在医院、药店里，岂不是得不偿失？不妨把时间直接投资在身体健康上，健康才是最大的财富。不妨参加个健身俱乐部。

静坐面壁法

学会与静默共处，调服自己这颗烦躁的心、欲求不断的心、平时只向外看从不反观内视的心。当自己认真解读这个心的时候，可能豁然开朗，达到《心经》的境界也说不定。

药物缓解法

别经常吃药，免得有药物依赖，并且最好遵医嘱。

心理咨询法

可以去看一下心理医生。不要认为看心理医生就是自己有精神病。

智慧缓解法

这是彻底根治的方法。烦恼的天敌是智慧。"般若波罗蜜"——

般若者，智慧也；波罗蜜者，彼岸也。何谓彼岸？我们烦恼不断谓之"此岸"，烦恼灭尽就是"彼岸"。

16. 运用朋友的支持应对工作压力

同事朋友之间的交流和支持对缓解压力非常有效。

比如"煲电话粥"的方法就很有特点。

每当压力快到极限时，给好朋友打电话。在电话里，向朋友倾诉，予人真心，令己宽心。一般情况下，当压力快到极限时，我们和许多人一样，常常感到自己是一个不名一文的废物，而为别人宽心的时候，才能发现自己的自信心又回来了。

当然，这种"电话粥"最好要在家里"煲"，这样既可以随时开心大笑，也可以无所顾忌地甩几句粗话，何乐而不为？

打高尔夫球或其他健身运动也是减压的好选择。约几个志同道合的朋友打打高尔夫球，或进行其他健身运动，一方面可以锻炼身体，另一方面，在轻松的运动和交流中，压力自然就消失了。

哭和购物是女性常用的缓解压力的方法。的确，找一个要好的朋友，倾诉一下苦衷，痛痛快快地大哭一场，对于消除郁积在心中的不快和重负，将起到极大的作用。

约两三个好友购物也是一种有效的办法。走进商场，看看漂亮的商品，边看边聊，又买了生活必需品，时间也充分利用了，而痛苦也随之被扔掉。更重要的是，与好友的交流中也许对方的建议和开导、支持会给我们莫大的帮助，有时即使是对方不经意间提出的一些想法、意见也可能给我们有益的启示，让自己豁然开朗。

向最好的朋友或家人尽情倾诉心中的郁闷，可以帮助我们把压力及时消除。因为憋在心里的不快转换成语言，全部倾倒出来，压力也就跟着消失了。

17. 获得爱人的理解以缓和工作压力

为了应对激烈的市场竞争，许多单位都纷纷实行减员增效，其结果使许多人时刻处在一种极不稳定的工作状态中，由此产生的压力是可想而知的。要想不被"下课"，就只有不惜代价，甚至拼命一搏了。为此，国际劳工组织向全球发出了警讯，在西方发达的国家里，每十人中就有一人患有抑郁症、焦虑症或职业枯竭症等，由此可看出工作压力造成的后果。

身在职场的人们，无论是女性还是男性，如果压力超过了自己承受能力的极限，就会导致一些非常理的事情发生。据报载，海南省一位女教师在学校宿舍区的卧室里用菜刀将自己仅六个月大的儿子杀死，然后自杀未遂，被送往医院抢救，经警方调查后发现，这位女教师出现有悖常理的举动，主要根源是不堪忍受沉重的工作压力所致。据其丈夫介绍，这位女教师在事发前，表现异常，回到家常常躺在地板上睡觉，并多次扬言要掐死亲生儿子，并说活着太累，实在没有什么意思。她曾多次向丈夫表示，自己的工作压力太大，可悲的是没有引起这位丈夫的重视，结果出现了这悲剧性的一幕。

人在职场，身不由己，虽然作为个体无力改变大环境，但自身的小环境还是可以通过适当的调整作出改变的。在一天的疲惫工作之后，我们是可以把压力原汁原味地一起带回家的，而绝不是像某些人倡导的所谓"不要把压力带回家"。

独自承受压力的重担，不可能背负很久，或借酒消愁、或苦苦思索，最终的结果往往是自己不仅不能消除烦恼，反而更导致生理和心理的双重苦痛。回家之后虽强装笑脸，但愁苦的心绪岂能不干扰家庭的幸福和温馨？

夫妻之间亲密无间的关系会使得交谈更加随意、更加真实。当我们带着烦恼回家缓缓向配偶倾吐的时候，对方会感到把他（她）看得那么重要，会用双倍的热情来帮助自己、关心自己，会设身处地替我们着想，为我们指点。妻子对自己会更加温柔，丈夫对你会更加宽厚，因为我们在家人面前袒露了真实，获得的会是最无私的帮助。家是温馨的港湾，可以停泊那只负载的船；家是一泓春水，可以抚平受伤的心。

在工作压力侵蚀的时候，人要养成一个习惯——每当下班之前，不妨像收拾办公桌一样也整理一下心情，别忘了把那份难释的工作压力塞进提包，拉上拉链带回家去……明天，肯定会以一种轻松愉悦的心态去掸拂那桌上洒了一宿的尘灰。

18. 有效利用时间以减轻工作压力

明确工作目标

（1）订立目标。必须了解工作的目标，用书面定下一套明确的步骤。目标必须具体，切实可行。

（2）确立每日的工作计划。安排好每天应做的工作，然后按照轻重缓急，依次完成所有事项。

（3）清楚地界定工作目标。如果我们的目标含混不清，等于没有目标，只是愿望而已。目标必须明确，愈清楚愈好。不要写"我要赚大钱"，而要明确"我要赚多少钱"，加上期限，比方"年底前"、"2006年"。这样才是明确的目标。有了目标，才会有动力去实现它。

设定工作期限

工作时限有激励作用，如果没有时间限制和压力，人的惰性就会拖延工作进度，甚至无限期地拖延下去。因此设定最后工作期限，有利于员工时时刻刻想着工作的完成期限，从而提高工作效率。这是合理运用时间压力的一种艺术和方法。当然，工作期限的设定必须合乎情理，要能够实现，而不是不切实际。

立即行动

（1）要把握现在。时间包括三个部分：过去、现在和将来。"现在"这部分时间最宝贵、最重要。要把握现在，才能把握将来，谁放弃了现在，谁就葬送了将来。

（2）改变拖延的习惯。做事要有决断力，应避免优柔寡断和久拖不决的坏习惯。拖延不是缓解时间上的压力，相反它会增加我们的时间压力，使我们老是觉得时间不够用，从而增加压力。

要节约时间成本

讲究利用时间的效率，尽量减少没有效率的会议、讲话等，要衡量付出的时间成本是否和所取得的效益成正比。

做事情分清轻重缓急

大多数事情并不是马上就要完成的，因此要分清轻重缓急，减轻自己的时间压力，先做急需做的，从而把压力集中在最需要完成的任务上。

以上是合理利用时间压力的一些方法，在实践中要灵活掌握，避免压力过大而适得其反。

19. 避免工作过度的良策

工作过度容易引起"过劳死"，过劳死被认为是未老先衰、猝然死亡的生命现象。工作过度的职工是在追逐死亡。

据统计，肩负重任的我国知识分子平均寿命仅 58 岁，比人均寿命短很多。造成中年知识分子体质下降、慢性病多发的原因是长期工作过度。

慢性疲劳在职工群众中高达 35%，健康状况很糟糕。引起慢性疲劳的原因是营养失衡和缺乏运动。

现代社会竞争激烈，工作任务重，许多职工长期牺牲休息时间，使身体长期处于超负荷运转的状态中，身心透支严重。休息时间得不到保障，疲劳得不到缓解，健康不断恶化。据抽查显示，职工群众中健康者仅占 15%，患病者约占 15%，亚健康者为 70%。亚健康状态是不断变化的，既可以向健康状态变化，又可向疾病转化。所以，职工要增强自我保健的观念，避免工作过度。

"过劳死"十分青睐不知道保健的职工"工作狂"的职工有遗传早亡血统、又自以为健康的职工。

目前，大多数国家都实行市场经济体制，经济全球化已经成为不可逆转的潮流。许多企事业单位大量裁员，职业竞争越来越激烈。就连经济发达的欧美和日本，"过劳死"也经常出现在死亡证明书上。十几年前的人们以为未来科技进步会使人生活在悠闲的世界里，现在信息技术、电子技术的广泛应用，却加重了人们的工作负担。

"过劳死"与工作过度有关，应早发现、早预防。以下是确定工作过度的十大信号：

（1）"将军肚"早现。30 左右岁的人大腹便便，很可能是高血脂、高血压、脂肪肝、心脑血管疾病的预兆。

（2）脱发、斑秃及早秃，是工作压力太大，工作过度引起的精神紧张造成的。

（3）记忆力减退。

（4）心算能力减退。

（5）30~40岁的人，排泄次数超过正常人，说明消化系统和泌尿系统功能紊乱。

（6）性能力衰退，过早出现腰膝酸软、畏寒肢冷、性欲减退、阳痿遗精等症状。

（7）做事经常后悔，易怒、烦躁、悲观、抑郁等，难以控制自己的情绪。

（8）集中精力的能力减退。

（9）经常头痛、耳鸣、目眩、烦闷。

（10）经常失眠，睡眠质量下降，醒后仍感到疲倦。

具有上述2项或以下者，处于警示期；3~5项者，处于预报期，已经具备"过劳死"的征兆；6项以上者，为危险期，可定为"过劳死"的"预备军"。

中年时期是人生的重要时期。大多数职工处于中年时期，承受着来自各方面的压力，中年时期是慢性疾病的多发时期。

人的衰老具有阶段性特征，出现提前老化的现象，称为早衰。例如，有些人看上去像60岁了，其实刚还不到50岁。

长期工作过度，损耗体力而得不到恢复，促使重要器官的提前衰老。

需要注意的是，每天无所事事，缺少运动，血脉不畅、肺活量减少，大脑会出现废用性萎缩，同样加速衰老。

许多教师，特别是进取心强的教师，只知道生活节俭、工作勤奋而不注重健康，再加上强烈的责任感，长时间超负荷工作，导致心力交瘁，最终积劳成疾。

中年早衰，英年早逝已经成为令人忧虑的社会问题。工会应该推动教师保健工作，以减少未老先衰的教师的人数，遏止工作过度现象的蔓延。

20．日常减压的简便方法有哪些

以下是帮助我在日常生活中减轻压力的几种具体方法，简单方便，经常运用可以起到很好的效果：

（1）早睡早起。在家人醒来前一小时起床，做好一天的准备工作。

（2）同你的家人和同事共同分享工作的快乐。

（3）一天中要多休息，从而使头脑清醒，呼吸通畅。

（4）利用空闲时间锻炼身体。

（5）不要急切地、过多地表现自己。

（6）提醒自己任何事不可能都是尽善尽美的。

（7）生活中的顾虑不要太多。

（8）培养豁达的心胸。

21．怎样走出工作压力的误区

对工作压力的典型理解

他最近有工作压力，但这很自然，没什么好奇怪的。

如果他没有压力，可能说明他没把工作当回事。

可以让他少担任一些工作来缓解压力。

或者让他干得更多，这样他就不会老落在别人后面。

让他去上上压力管理的课程就搞定了。

所有这些观点都是有问题的。

对工作压力的误解

误解一：压力是很平常的事情，这说明你受到重用，压力会让你干得更好。

有些人觉得如果自己不加班，不显得很忙就没法向学校表明自己多么重视工作。

实际上，工作压力要么说明你的工作有问题，要么说明你有问题。更糟糕的是，压力会降低人的工作效率、沟通效率和决策能力。

觉得有压力才是好事对人对学校的事业都不好。

误解二：压力是因为工作太多。

有些人一周工作 80 小时也不觉得有压力，有些人工作 30 小时就完蛋了。

工作压力和工作事件没有必然的关系。如果你觉得工作很有意思，为你的工作而感到自豪，可能一周干 100 小时也没问题。一个乏味无聊的工作，一周做 30 小时就胃口倒尽了。

误解三：少干点可以缓解压力。

感到压力的人需要的是增加他们的能力和对工作的自信，暂时减少工作可以缓解一些压力的症状，但不久就会适得其反。当他们重返办公室，会变得更脆弱，不堪一击。

暂时减少工作量其实什么作用也没有起到，你总有一天会回到过去的状态，恶性循环。

误解四：多干点可以缓解压力。

"我有压力是因为我落后了，多干点赶上他们我就没有压力了"

你错了。两个原因：

（1）工作压力不是因为落后了，而是因为你在乎你是不是落后了。

（2）在大多数学校里，大家常常会赶不上进度。真正的原因是工作太多了，就算你做完了也会被分配更多的工作。

偶尔突击一下没什么关系。如果天天突击就变成习惯性加班了。这种情况下，更努力的工作不是你解决压力的良药，反而会影响你的工作效率。

误解五：关注压力会缓解压力。

压力管理的内容

什么是压力。

压力的症状。

压力对健康的影响。

如何对抗压力。

有研究表明，一些上过这些培训的人比上之前感到压力更大。过度关注压力可能制造更多的压力。

压力的真相

工作本身不会带来压力。工作带来的糟糕感觉是压力的源头。

所以，调整工作时间、环境、内容可能都没什么用，首先要调整的是你对工作的感觉。需要将那些焦虑、不能胜任或者被耗尽的感觉转变成被欣赏、自豪和劲头十足的感觉。这是提高工作效率的关键。

22. 科学应对工作压力的方法是什么

时下"压力"一词很时髦，经常成为人们谈论的话题。孩子的学习压力太大，影响他们的健康成长；白领的工作压力很大，影响他们的心身健康；领导者的压力也难以承受，影响其领导能力的发挥等等。

事实上，压力本身并不是一个负面的词汇。很多心理学的实验证明，压力也有积极作用。一个人在一定的压力范围内，他的工作业绩与压力是正相关的。当压力超过一个人的能力限度时，就出现相反的情况。这时，工作压力就给人们的心身健康、工作表现等带来负面影响，表现出担心、紧张、害怕、抑郁、悲伤、易怒等情绪，或者出现注意力集中困难、频繁遗忘等，严重者出现入睡困难或早醒、贪食或食欲下降、过度饮酒或吸烟、回避与工作有关的情境，或不愿与人交往、社会退缩等等。这些情况提示我们工作压力过大了，需要进行必要的调适。

加深对工作压力的理解

当我们对一项工作感到压力过大时，就要仔细分析完成这项工作所需要的所有资源和技能，哪些关键成分是压力的主要来源。在明确工作压力来源的基础上，我们还要评估工作压力对自身的影响以及这种影响会有多大，持续多长时间，目前的影响处于什么时期等。在明确的基础上，积极找寻解决的办法。在很多情况下，我们不知道压力的来源，不明确、不确定感反而会加重我们的压力感。

采取系统解决问题的方法

缓解工作压力的有效方法之一就是采取系统的解决问题方法。首先要对工作任务和性质认真分析，明确工作任务、范围、性质和所需要的资源和技能等要素。在认真分析的基础上，尽可能将工作进行必要的分解，把一项大的工作任务分解为几个小的部分，然后再分阶段地一项一项地完成这些小的任务。这种方法可谓化繁为简、化大为小，可以有效地激励自己最终完成整个任务。

识别和接受自己的情感

当自己承受很大的工作压力，出现抑郁、悲伤，或愤怒、焦急等情绪时，要敢于面对自己的情绪，要认识到这种情绪与工作压力的关系。同时，采取必要的方式和途径与别人讨论这些情绪，获得别人的支持和理解，从而接受自己的这种感受。另外，也要注意分析过去的经验对目前情绪的影响，消除过去失败的痛苦体验所形成的不正确观念对目前工作造成的负面评价。

发展有效的行为技能

工作压力过大往往限制一个人的理性思维、行为和决策能力，从而使工作效率下降，许多工作不能及时完成。日积月累，工作负荷越来越大，难以负担，就进入了恶性循环。要摆脱恶性循环，就要建立自信，避免工作中的拖拖拉拉或完美主义倾向，不要陷于工作中的细节，而忽略最终结果的实现。要发展和培养有效的行为技能，采用理性的、符合实际的思维方式，有效合理地安排时间，制订明确的目标计划等。

建立和利用良好的社会支持网络

有效地利用社会支持系统可以缓解工作压力。所以，当感到工作压力过大时，要有意识地寻求帮助。当别人提供帮助时，要乐于接受。把自己工作中的体验或苦恼，向自己的家人、朋友倾诉，获得他们的理解与支持。为此，在平时要有意识地培养与发展良好的人际关系，如夫妻关系、朋友关系、同事关系等，建立良好的社会支持网络。

保持健康的生活方式

建立健康的生活方式本身可以缓解或减少工作压力。在此要注意有规律地锻炼身体，保持规律的作息时间，平衡的饮食结构。改变生活中的不良行为习惯，减少不良的应对方式，如吸烟、酗酒等。改变生活、工作节奏，拿出时间来进行放松和娱乐。制订休息计划，如午休、周末休息或度假。建立健康的娱乐休闲行为模式，培养健康的业余爱好。

留出时间来反省并获得心智发展

在百忙之中，要留出时间让自己进行必要的思考。重新认识与评估自己生命中最有价值的东西，明确今后生活的目标。通过思考，使自己获得心智的成长，提高应对工作压力的能力。

以上是缓解工作压力的主要原则或方法。每一个人都可以在这些原则的指导下，结合自身的特点建立具体的缓解压力的方法与途径。这些具体的方法可以说没有固定的模式，只要能够促进心身健康，保持幸福生活和高效率工作，所有方法都是有益的。

23．女教师减压体操八式

经过一天紧张忙碌的工作，回到家中，是否感觉到颈、肩酸痛，头脑发胀，身心俱疲？做做下面这几节简单易学的体操吧，它们可帮你松弛神经、缓解疲劳、释放压力。

第一节：踮足伸臂

身体自然站立，两腿稍分开。深吸气，足尖踮起，两臂成 V 字形上举，然后徐徐呼气，脚跟落回地面，双臂也落下，身体恢复原先站立姿态。反复做 15 次。

第二节：猫伸展示

面向下，双膝和双手支撑，成膝卧撑姿态。吸气，背部下塌，头部向上，向后仰，臀部向上翘；呼气，背部弓起，头下垂，下巴靠向胸部。反复做 10 遍。

第三节：坐姿举臂

盘腿坐姿，两手互握置于腹前。深吸气，将两臂翻掌向上举，眼睛看双手；边吐气，边落下双手。反复做 10 遍。注意动作过程中要挺胸直背。

第四节：坐姿前弯

盘腿坐姿，两臂向后伸，双手紧握。吸气，然后吐气，同时上半身向前弯，同时背后的双臂上举至水平高度；再吸气，恢复到原先盘腿直坐姿势。反复做 *10* 遍。

第五节：站姿前弯

自然站立，两腿分开，双手互握手腕处或肘关节处，上身从髋部开始向前弯，头放松下垂。保持姿势，缓慢呼吸 *1* 分钟。

第六节：肩桥式

仰卧，屈膝，双脚平放于地，双臂伸肩，手心向下，放在身体两侧。吸气，呼气，臀部缓慢向上抬起，至肩与膝成一直线。吸气，臀部放回地面。反复做 *10* 遍。

第七节：犁式

仰卧，双臂伸肩，掌心向下，置于身体两侧，双腿并拢。双腿上举，向后画弧形，双脚尖越过头部继续前伸，直至触及地面，保持姿势呼吸 *2* 分钟。然后双脚抬离地面，经过头部，恢复到开始仰卧姿势。注意要根据自己的能力做。反复做 *3* 遍。

第八节：婴儿式

跪式，臀部坐在脚后跟上。然后向前俯身，双臂向前伸，手心张开平放在地，额头着地。尽力舒张脊背，双手尽可能前伸。保持一会儿，反复做 *5* 遍。

24．教师运动减压法

运动为何能减压

运动之所以能缓解压力，让人保持平和的心态，与腓肽效应有关。腓肽是身体的一种激素，被称为"快乐因子"。当运动达到一定量时，身体产生的腓肽效应能愉悦神经，甚至可以把压力和不愉快带走。

此外，适当的运动锻炼，有利于消除疲劳，上班族们整天朝九晚五，单调而枯燥。长时间单调刺激易引起生理、心理疲劳，而运动能使刺激强度得到变换，起到改善、调节脑功能的重要作用。要充分发挥大脑潜能，必须合理地安排活动，不使某一半球或某一功能区由于反复单调刺激而疲劳，要动静协调、张弛有度，才能有助于提高大脑皮层的综合分析能力。

哪些运动能减压

通常来说，有氧运动能使人全身得到放松。想通过运动缓解压力，可以参加一些缓和的、运动量小的运动，使心情先平静下来，如跳绳、跳操、游泳、散步、打乒乓球等。运动时间可掌握在每天半小时左右。

这里介绍一种放松肌肉的方法，可以在睡前练习。在一间安静、灯光柔和的房间里躺下，掌心向上，两腿伸直，脚尖向外。闭上眼睛，轻柔地按照自己的节奏呼吸。绷紧脸部肌肉约 10 秒钟，放松；缓慢地向上抬头，放下；提肩 10 秒钟，放松；伸展手臂及手指，握拳 10 秒钟，放松；提臀，然后缓缓地放下；脚后跟并拢，向外伸展腿和脚趾，然后完全放松。重复练习 5 次。

呼吸减压很有效

运动的人都知道，当你在进行最后放松时，深呼吸能帮助你尽快将运动心率恢复到正常心率。而当人紧张的时候做几次深呼吸，也能起到放松心情的作用。

深呼吸选一种舒适的姿势，或站或坐，将双手放在胸前，上身保持放松，吸气的同时扩展胸部，稍停，紧闭双唇，慢慢呼气，重复几次，就会感到紧张的情绪缓和了许多，心情也会随之舒畅。

净化呼吸立姿，两脚分开与肩同宽。用鼻做深吸气，同时两臂缓缓经体侧平举至上举。待吸足气后（两臂恰成上举），两臂急速下放似"挥砍"，张口吐气的同时高喊一声"哈"。这一练习有助于消除精神紧张，并能使长期郁积在肺部的浊气排出。

运动过量反无效

如果带着太大的压力和不良情绪去锻炼，在锻炼中思绪杂乱，注意力不集中，反而会影响锻炼的效果。比如有人刻意去做一些激烈的、运动量大的运动项目，认为出一身大汗，压力和不良情绪就会全部释放出来。其实效果恰恰相反，这种激烈且大运动量的锻炼，不但会造成身体疲劳，加上原来紧张的精神，压力不但排解不了，情绪反而会更坏。

为了达到放松身心的作用，可以选择自己喜爱的、能产生愉悦感的运动。运动完毕后要及时洗浴，防止感冒，运动时间不要过长，避免过度疲劳或兴奋。

饮食辅助不可缺

营养专家认为，面对令人担忧的事情或持续不断的压力，身体会产生心跳加速、血压升高、肌肉收紧等"攻击或逃避反应"，这时特别需要身体提供营养素、维生素和额外的能量。当人承受巨大的心理压力时，身体会消耗大量的维生素 C，应注意多摄取诸如洋葱、青椒、花椰菜等富含维生素 C 的蔬果。少食多餐也有助于减轻紧张与疲劳。

25. 男教师如何减轻工作与生活的压力

男人们越来越觉得自己活得太累，整天都面临来自事业与家庭的压力，他们焦头烂额，手足无措。这时，你是否想过要改变自己的生活？来听一听心理学专家的建议吧。

有位朋友是某报业集团的副总，经常感到胸闷、头晕、喘不过气来，到医院一检查，医生说是心病，叫"领导综合症"，由生活、工作压力过大所致。又曾接触过一份外企教师（多数为男性）的心理测查报告，发现他们智力程度很高，但自我评价偏低，自信心不足。照理说，这些人都是生活中的佼佼者，怎会自信不足？其实很简单，在外企工作，环境压力更大，要求更高，加上给自己设定的升迁目标不断提高，由此导致自信偏低。

曾经有一句"其实男人更需要关怀"的广告词，让众多的须眉们为之怦然心动，因为它道出了男人的内心感受。如今，男人们越来越觉得自己活得太累，整天都面临来自事业与家庭的压力，在焦头烂额，手足无措之余，不少人开始酗酒、赌钱甚至吸毒，以此寻求解脱。

这种生活的压力从何而来？其原因是多方面的，社会环境固然是不可忽视的因素，男性对自己对女性对周围环境的认识也是一个重要的因素。要调节自己的情绪，必须从自己固有的认识和行为规则入手，因为正是它们让我们无法适应社会，让我们疲倦。这里列举了几个生活中的规则，对照一下，看你是否受这些规则的困扰。

男儿有泪亦轻弹

女人受了委屈或有不开心的事可以大哭一场，而哭鼻子的男人却被认为是没有出息的。这一传统的规则一代一代传下来，致使男人不习惯用哭来宣泄不快和忧愁。殊不知哭无论对男人和女人都是有很大好处的。生理学家说眼泪能杀菌，哭一下能预防红眼病；心理学家说哭是一种极好的情绪宣泄方式，而且比其他宣泄方式更有益健康。男人没法用哭来宣泄郁积的情感，只好采用喝酒、吸毒等方式麻醉自我，其结果要么是变成一个浑浑噩噩的彻底被麻醉的人，要么借酒浇愁愁更愁，反而陷入更糟的情绪之中。既然郁积的情感是非宣泄不可了，那你不妨把"男儿有泪不轻弹"的规则修正一下，在烦恼的积压下一个人痛痛快快地嚎哭一场，哭它个痛快淋漓，然后再去做大男人，不也挺好？

大丈夫"能屈能伸"

在众多的家庭纠纷中，夫妻双方争论的实质是男人对女性的认识——是把女性当作一个独立的个体、生活中的伙伴来对待，还是只把女人当作一个家的点缀。大男子主义者在家庭中往往认为自己应占绝对的主动与主导地位，女人只是男人的一根肋骨只能处于被动和服从的地位。糟糕的是，表面女人似乎很赞同此观点，事实上，她们除了要男人的保护还要独立，男人能完全满足她们吗？

张镐哲在舞台上高歌的"好男人不会让心爱的女人受一点点伤"，让众多的女歌迷柔肠百结，这是女人对男人的期望，男人千万可别以此为标准。随着自我概念的提升，现在的女性已真正支撑半边天，作为男人又何必做那吃力不讨好的事呢？这个规则应该被"大丈夫能屈能伸"替代，适应社会变化，调整自我概念和自我价值观，把爱人真正当成生命中的另一半，共同分担家庭与生活中的压力，男人也许就不那么累了。

男人应寻求支持与帮助

现在有些人越来越追求工作与环境的刺激和挑战。虽然他能从不断的成功中得到快感，然而这样的节奏对他的心理伤害也是非常大的。心理学的研究早已指出不规律的生活方式会带来很大的压力并造成身心疲乏，未来的不确定性更会让人整日里神经兮兮。倘若他没有很好的放松与宣泄方式，又不能寻求爱人的鼓励和支持，他不累才怪呢？其实男人的生活也应平稳，只在适当的时候寻求刺激与挑战。

此外，还有一些通行的规则可以帮你减轻工作与生活的压力：

（1）建立自己的支持系统，即多交朋友。这里的朋友可不是商业上酒席上的酒肉朋友，而是指真正的知音、知己，可以信赖，可以倾诉，可以真诚相待的人。本来家庭成员、同事朋友都是个人的支持系统，但遗憾的是很多时候这种关系徒有其表，无真正的互动，心烦时不会找他们诉说、求助，这对个人情绪的宣泄，压力的减轻是无益的。只有建立真正的支持系统，才不至于孤立无援。

（2）寻求心理人员的帮助。专业化的心理辅导或心理咨询不仅可以帮你应对生活的压力，解除情绪的困扰，更可以帮助你进行审视和反省，促进自己的成长。对男人尤其是商业社会的男人而言，寻求专业的支持与帮助是非常必要的，关键是你有没有决心面对自己的内心。阅读一些心理咨询与辅导读物，对你调适自己的心理压力会有帮助。

（3）保持对自己身心状况高度的敏锐与自觉，别忘了身心健康是生活与事业的基础。心理问题有时也像身体疾病一样，积少成多。心理问题堆积越多，对个人生活的影响（往往是潜意识的）也越大，处理起来也就更为复杂。

困扰你的也许有上述压力，也许是其他压力，检视你的生活，淘汰掉不适宜的陈规，按自己的节奏和规律去生活，你就会拥有更多的轻松。

第二章

减轻领导压力的方法

1. 领导对教师的压力表现在哪里

与领导的关系不和，是压力的一个重要来源。因为这些领导能够从物质上对我们的生活施加影响，可以控制我们的工作权限，给予或撤销对我们的提升，对我们能否成功地申请其他部门工作产生决定作用的推荐。毫无疑问，领导可以主宰我们职业生活的许多方面。

2. 从容面对自己的领导

面对领导，假如我们总感觉到不知所措，这其中最主要的原因是对自己的思想和行为作了过多的束缚。通常情况下，下属产生精神压力的根源不外乎以下几点：

（1）缺乏个性。缺乏果断的决心，没有个性的风格和发表意见的胆识或魄力，对别人的意见全盘接受而不详细加以分析研究。

（2）缺乏主动。由于对自身的能力缺乏信心，因此就对问题采取逃避、不敢正视困难，怕发表意见，态度与谈吐总是显出犹豫，从而把握不住赢得领导赏识的机会。

（3）缺乏抱负。缺乏自己的主张，易受别人的影响，不能果断行事，怕承担责任。

（4）难为情。对自己缺乏能应对外界压力的信心，面对事情时表现为神经紧张，举止谈吐生硬、尴尬、手足无措。

（5）自卑心理。习惯于在语言和行动上进行夸张，外表看似优越，内心却脆弱得不堪一击，极度自卑，无法应对现实里的麻烦事件。

上述几点就是为人处世中所表现出来的致命弱点，而自己不敢面对领导的本质原因就在于怕领导批评而导致的恐惧和胆怯。

可以这么说，在多数情况下，领导给自己的压力几乎就等同于自身工作能力上的压力。对于我们而言，在工作上遇到困难时，需要对付的不仅是领导本人，还有工作本身。但任何人的工作能力都不是与生俱来的，需要在实践中不断磨炼。工作中遇到困难，勇于和领导沟通，并要掌握好交流的分寸，相信困难会在领导的理解和指导下得以解决，但是，由于自己怕受到领导的批评，对自己无法把握的事情也不能做出承诺，结果是焦虑万分而一事无成。据心理学家研究表明，怕批评的恐惧感剥夺了一个人的创造性思维，摧毁了他大胆而丰富的想象力，限制了他的人格个性，夺走了他的处世自信，并使他在许多不足的方面得不到"升级"。比如，孩子害怕父母批评，往往学会说谎或推卸责任，这反而不利于孩子的健康成长，而工作中害怕批评，便是斩断了自己事业航船的桅杆。

其实，批评对任何人来说都是很正常的，只要自己能坦然面对来自各方面的批评，并积极地做出回应，就能将别人对自己的批评化为本身前进的巨大动力，而我们自然也就化解了各种压力。

理解了这一点，我们就不怕直面领导对自己进行的批评和指责了。因此，为了全面提升自己，我们甚至可以诚心请领导指出自己的缺点，并诚心听取领导的批评，然后再做出一个改进计划或方案。领导看到我们有这么大的决心，一定会很高兴的。而自己也就不必再过度焦虑了，只要我们能做好工作，就能有效化解领导对自身造成的大部分压力。

3. 微笑是减压的妙方

尽管我们对自己、对别人都常用万事如意来表示祝福，但世上真正总能遂人意的事却很少，尤其是在职场上，不知道什么时候领导的

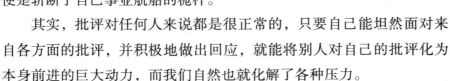

一把怒火就会烧到自己的身上。那么，此时又如何面对如此大的压力呢？

任何人都不是完美的，因而存在各种缺陷是在情理之中的。所以，我们不必对领导求全责备，也不必对自己求全责备。当面对大发雷霆的领导时，何不试着对他微笑呢？

对领导微笑是调理上下级关系的润滑剂。没有什么比微笑更能传达一个人对周围事物的反应。也许微笑并不是解决问题的根本，但有可能领导受到了感染也会心神愉悦，对于我们来说，也就打开了一扇大门，或许就只是因为这个最简单的微笑，而使事情变得简单化，同时幸运之神也悄然地来到了面前。

微笑在工作中必不可少。每天对自己微笑是对自己最高的奖励，生活不但因为有了真诚而变得美好，更因为微笑而灿烂，尤其是发自内心的微笑更是有着无穷的魅力。因此，当你面对不满和愤怒的时候，不妨露出真诚的微笑，去倾听对方的苦恼和愤怒，这如同用和风细雨去面对干枯的土地一样，不仅可以化解危机，而且还可为自己赢得机会，获得他人发自内心深处的尊重。

面对领导的愤怒，不妨站到他的角度去思考、去分析，首先想到也许真的是自己错了，应该向领导道歉，应该真诚地接受批评和指导。当自己用豁达、谦诚和歉意的微笑着面对他时，相信他，也有着和自己一样的情感，也会如我们理解他一样。他自然也会从自己的角度转换到我们所处的环境中来，察觉到的不易。

由此可见，解决问题需要的是方法，而不是"以其人之道还治其人之身"，当愤怒对抗不了愤怒时，何必硬撑到底？给对方一个微笑，或许就真正能够化干戈为玉帛。一个优秀的领导应是颇具大度胸怀的，虽然他可能会因一时的不察而愤怒，但他会因为我们真诚的微笑而逐渐熄灭怒火，并在心目中树起对我们宽厚处世的尊重和赏识的信心，这就是我们事业与人格的双赢。

自信而坦荡的微笑，是我们获得良好人际关系的通行证，也是你化解压力的减压阀。

4. 运用说话的艺术应对领导

领导一般都很赏识聪明、机灵、有头脑、有创造性的下属，因为这种下属既能理解领导的意图，又能协助领导完成工作，更重要的是，能够协助领导处理好与身边人的关系。

诚实肯干是受领导欢迎的，但如果是自认为可以出色地完成工作，而没有很好地把自己的工作成绩展现给领导，以得到他的赏识，那显然也是一种失败。所以，只有善于把自己各方面的才华展示出来，才能让领导认同自己的业绩和为人，并给予自己机会。说到底，这其实就是要求我们在领导面前注意说话的艺术，并以此敲开成功之门。

在社会交往中，争论随时随地都可能发生。面对领导的疑问，我们必须具备良好的心理素质、丰富的知识、较高的综合能力，加上真诚和适度的言谈，运用充分的道理以说服领导，并注意说话的艺术，让他愉快地采纳自己认为可行的建议。

当然，掌握语言的艺术，不是一蹴而就的，它需要我们的日积月累，下一番苦功夫才能够获得。

5. 以沟通减轻领导带来的压力

教师除了要服从领导，表明自己的忠心外，还要善于同领导交流和沟通。俗话说："话不说不清，理不摆不明。"沟通有时能起到预想不到的效果，尤其是人与人之间有了误解甚至隔阂的时候，这种沟通的方式方法就显得非常重要。

面对领导的冷淡态度，千万不能意气用事、横眉冷对或无动于衷。积极的态度应当是心平气和地找领导进行沟通。谈话需要找一个谈心的场合，并选择好时机，在整个谈话过程中营造出随意自然的气氛。如果自己的工作成绩得到学校的肯定和表扬，得真心感谢领导的帮助和栽培。要让领导明白：自己是真心真意地感谢他，而不是一个忘恩负义的人，自己的每一点进步都与他的培养分不开的。我们可以指出自己的缺点和不足，希望领导能够继续对我们严格要求，帮助我们改掉缺点，使领导处于一个帮助人的位置上，他就会尽其所能，为我们创造机会，为此他很容易看到我们的进步是与他分不开的，从而找到一份属于自己的成就感和满足感。

总之，与领导经常进行富有成效的沟通，可以帮助我们建立一个融洽和谐的工作环境，这是事业取得成功的必要条件。

如果与领导的沟通不畅，交流不多，就会阻碍我们的发展。有的时候和一个难缠或喜欢滥用权力的领导沟通可能就不是那么容易的事，但也并不是说自己在改变与领导的关系方面就完全无能为力。在我们考虑辞职不干之前，不妨试一试下面几种对付那种滥用权力的领导的方法和技巧：

（1）改变自己的办事方式。很少有人是随意发火的。他们一般是在特定场合因特定的事而发作的。我们要摸清领导的脾气，并尽可能消除隐患。比如，他为我们上班仅迟到五分钟或打错了一个字便大发雷霆，那么我们就要尽量避免这类疏忽，不论它们看起来多么微不足道。如果自己的某位同事善于应付领导的情绪，那就向他请教一下怎么做才能更为有效，不妨借用他的一些手段。

（2）在盛怒下保持冷静。只可回应领导所责骂的事，而不回应他的恶言恶语。不论怎样，都不要畏缩、支吾或抱歉。要自信地回应：

"我想准备一份令你满意的报告。让我们谈谈我怎么做为好吧。"

（3）采用建设性的对抗方式。领导可能比我们所想象的更乐于改变其态度。有些领导并没有认识到他们的盲目行动使下属感到多么不快。可以告诉他自己对他发怒的感受。比如说："当你在会议上责骂我、批评我的工作时，我感到很沮丧。请尊重我吧，把我叫到一边私下里提出你的批评。"如果他看重我们的工作，他会对自己的谩骂有所收敛的。

（4）诉诸更高的领导或上级。如果领导滥用权力到了令人难以容忍的地步，就得越过他直接找人事部门或更高一级的领导。但在采取这一步骤之前，要谨慎地询问一下同事，他们是否过去也与自己的领导有过冲突。他们可能会支持，这样我们就可以提请学校主管注意领导的不当行为。我们可以这样发问："我能和你作一次非正式的谈话吗？"然后举例说明自己领导的做法如何影响到工作。我们要表明我们想改进现状，而非惩罚我们的领导。如果我们的领导需要纪律约束的话，那就让上级打电话通知他吧。

6. 如何应对高压领导

面对领导的压力快乐是可以生存的法则。高压领导手下会产生很多有怨气的教师。让自己喘不过气来的工作都拜他所赐。但为了工作，作为教师不能知难而退，而是要动脑子去积极处理工作中的事。下面教你如何应对典型的"高压领导"。

高压领导之"馈赠型"领导

"如果领导本人就是工作狂，他们大都希望自己的属下和他一样，视工作如生命。他们仿佛吝啬鬼收集宝物一般地收集工作，可在布置任务给下属的时候又变得慷慨之至，仿佛在向别人赠送心爱的礼物。

我们把这种类型的领导称为馈赠型的领导，通常情况下他们疏于考虑自己分配下去的任务量有多少，下属需要花费多长时间可以搞定，他们想当然地认为我们应该以办公室为家，日日夜夜伏案工作，在他们的字典里休息这个词似乎早就不存在了。

在一家香港企业从事销售的苏宁就遇到过这样一位馈赠型的领导，但在他身边工作了3年的苏宁，始终保持极佳的工作状态，她是这么说的："我尊重我的领导，他指派的工作我总会尽心尽力地完成，但有时候指派的工作因为种种原因我达不到要求。这个时候，我就主动与领导沟通交流，因为口头上陈述困难有点故意推托之嫌，我就用书面呈送工作时间安排与流程，靠数据来说明工作过多，让他相信，过多的工作令效率降低，工作完美度会直线下降。这样合理正确的沟通会令领导了解自己的需求，适当调整任务量及完成时间，或选派更多的同仁来帮我们分担。"

高压领导之"不好型"领导

很多教师非常倒霉地遇到了"不好"领导。所谓"不好"领导，就是无论我们拿出怎样的教学计划，他都说"不好"！

做广告方案工作的林达很头疼，因为她的领导就是一个典型的"不好"领导。林达说："当我低眉顺眼地向他询问到底欠缺在哪里时，他倒是很直接：我也不知道到底哪儿不好，但我就是觉得还有不完美的地方，总之你还要继续，要不，就重来。"

每当林达递交了方案从领导的办公室里走出来时，心情跌落到谷底。"他的挑剔就像一把尖刀，总是把我精心雕琢的东西刺穿，无数次的重新来过，让我觉得自己是个没有才华与能力的人，久而久之，我失去了对工作的兴趣。"

如果再不调整，林达明白自己最终要从这家待遇极佳的企业灰溜溜地走掉。"逃，不是我的性格，但我还是独自跑到一个山清水秀的地方待了一阵，仔细思索我的压力来自何方。终于，我明白了对一个追求完美的领导来说，我的压力来自他的挑剔，我决定从下一个方案开始，我要挑战他，一定要让他说出'好'字！"

林达接手一个食品广告的方案创意后，精心地准备了3套方案，在这三个侧重点不同、宣传风格迥异的方案中，林达把自己的视角调整成了一个挑剔者，几个通宵的无眠之夜过后，做出了三套方案，面对着提交的方案，不好先生还是摇头，但当她说出最后的思路：把三份方案的亮点结合在一起时，他的笑意也渐渐浮现出来。借此机会林达明确地表示希望他以后尽量从自己的尽善尽美中找出不那么令他满意的地方来。要知道这无疑也是给领导一个不大不小的回马枪呢！终于，林达的压力释放了：把压力丢回给那个施压者，并从中品尝到了超越的快乐。

高压领导之"危机"领导

有一种领导觉得临时出现的事情是大事，似乎早做准备的都是可以延后办理的。遇到这样的领导，我们永远被莫名其妙的事情打乱自己的部署与计划，拎着包匆匆跑在远离计划的路上，等回来再坐到办公桌前，一切都变得毫无头绪。这种喜欢无时无刻不面临"危机"的领导，常让所有的部下处在忧虑状态。

杰蒂开始因为"危机"领导失眠，她诉苦说："我不停地为自己安排加班，别的部门的同事们都认为我是个绩效极低的人。最让人愤愤不平的是，许多临时要我去做的事情领导自己却会经常忘掉，月末绩效考核时，他总是对我摇头：'要你做的事你总要留个尾巴，不知你每天坐在这里都在想什么！'"

杰蒂因为这样的事曾和领导拍桌子，争吵，可后来却想通了：既然我遇到了这样的领导，那么就要想办法去适应。之后，在工作中，遇到领导打乱工作计划时，她会把之前的工作计划对老板说出来，让领导权衡轻重，重新作出工作计划，这样与领导作了很好的沟通而不是一味地听从指挥，不仅避免了误会，同时也使工作更加顺利，真是两全其美。

7. 豁达乐观能无形化解压力

忧伤是以恐惧为基础的一种心理状态，是一种毁掉自信与创见的心理症结，由于害怕失去的恐惧，而致使自己失去得更多，长期压抑而成的消极心理会导致人成为其自身思想的毁灭者。

人的一生，是曲折向前的，在任何阶段、成长的某个环节上都会出现意料之外的事情，面对别人的误解、歪曲，甚至是难以释怀的失落感，在我们的精神上、情感上都会造成不可忽视的压力。既然事情是不可避免地要发生，那我们对其的反应就是问题的关键。而要想使自己的人生获得成功，以减少心灵的压力，就必须培养良心的安宁，尤其是需要豁达乐观的心态。

一种观点认为："人痛苦的根源，在于他的欲望，欲望越多的人，其痛苦也越深。"人忧伤的根源就在于他的心态。

领导对下属造成的心理压力，也许是其不经意的一个权威习惯，亦可能是对下属的工作存在疑问的表现方式，或者是下属的行为不当而使他趁机宣泄。无论哪种原因，我们的内心受到的伤害是没有什么异样的。如果你长期处于一种谨小慎微的处事状态中，甚至不知所措，那就只会感到领导对自己的压力越来越重。长此以往，忧伤也就一点点地占据了我们整个思维领域。每天睁眼的那一刻，便是阴云一片，这样我们的思想和行为就完全被摧毁了。试想在这种状态下，如何能够把自己的才华展示出来？也许领导不是对自己的态度漠视，而只是一种习惯，但是在这种极端的状态下，自己也会陷入到思索我犯了怎样的错的忧伤中去。

其实，只需要转换一个角度思考问题，事情的结果在我们的头脑中就会发生大不相同的效果。

拥有一个豁达的胸襟、包罗万象的气魄，那就没有任何事物能够阻挡前进的步伐。面对瞬息万变的世界，要用积极的心态去生活，因为我们并不能从忧虑导致的压力中获得益处，所以我们要有勇气面对挫折，不要让自己总徘徊在委屈忧伤的阴影之中，顾影自怜。

教务主任在离职之前，曾向学校推荐卡沙代替自己的职位，但最终坐在这个位置上的人却是乔治。有人为卡沙感到不平，毕竟乔治无论从资历还是从学历或水平上来说，都比不上她，而且，在这之前，学校里几乎人尽皆知卡沙要升任教务主任。事情的突然变故，令卡沙脸面何在啊，但卡沙却笑着说："其实乔治有许多优点，活泼好学、聪明伶俐。"在工作上，卡沙非常配合乔治的安排。

乔治从第三者口中听说了这件事后，非常感动。约三个月后，乔治因为移民去英国，在辞职之前，他隆重地向领导推荐了卡沙。乔治对领导说："卡沙是个坚强、豁达的女士，她的乐观和积极是一笔难得的财富。而且，她还具备了善良、顾全大局的美好品德。她是最合适的人选。"

用豁达化解忧伤，我们思想的升华与快乐就会随之而来，它们会把无端的压力逼退得很远，尤其是在领导面前，我们更要表现出豁达，因为任何领导都不会喜欢那种凡事斤斤计较，总是拉长了脸的下属。

8. 怎样应对压力带来的沮丧

在与领导的交往中，你难以避免地有时处于失利境地。或者领导对你工作态度不满；或者领导对你的薪资承诺不予兑现；或者我们把他交给自己的事情搞砸了；或者领导扣除了这个月的奖金；或者因为其他种种事情引起自己与领导之间的摩擦，等等。总之，自己沮丧极了。其实，沮丧是人对事情的一种消极反应，它给人带来的压力足以使人身心俱疲。那么，我们怎样来有效地治疗沮丧呢？

（1）向领导暗喻。暗喻是指巧妙地和领导沟通，以获取自己的良好行为在他心目中的反馈，从而便于自己适时地调整工作状态。但生活中并不是随处都可找到贴切的方法，所以尺度的把握至关重要。最起码也要为自己申辩，以求找到解决问题的途径。如果埋在心底的郁愤，长久得不到问题的解决办法，那么沮丧的情绪会导致我们对工作的厌憎和人事关系的淡漠。这对个人的发展是极为不利的。

（2）我们可以把工作中的郁闷告诉自己的好朋友，把沮丧情绪倾吐出来。在诉说当中，获得他们的理解和支持，也就有了一种发泄后的快感。

（3）改换工作环境。身边常听到有这样的事：某人在学校任职，工作勤恳敬业，却很难得到领导的认同，甚至还会遭到其蛮横地对待，很难以想象他在这样的环境中能有什么创造性的发展。在这种情况下，我们听到更多的结果是这个人选择离开。"天生我材必有用"，通过跳槽，换一种新的工作环境，沮丧症结自然会随着自我能力的体现而瓦解。因为自信不仅来源于自身的才能，更体现于来自生活和工作中领导、同事的认可。

（4）当我们得不到重用和信任时，可以对自己下达一个富有挑战性的目标，与其沮丧颓废，不如努力使自己在逆境中成材。当你掌握和熟悉了学校所有的技术和运作方法之后，没有谁可以阻止我们自我的选择，我们将成为一个真正能够炒领导鱿鱼的人。"卧薪尝胆"，敢于奋发图强，或许在我们的能力迅速提升之时，我们的领导早已对自己刮目相看，彻底改变了他对我们的看法。

以上几种方法被称为"沮丧症的自我疗法"，只要自己掌握了这几种方法，就能够有效地化解压力带来的沮丧。在现实生活中，不管我们面对哪种情况，都不能由于来自领导的压力而使自己沮丧颓废，失去对自己、对未来的信心。要机敏、灵活地分析自己所处环境，给自己的出路做一番规划。任何时候都不能有发怒、谩骂、压制、消极的心理，那样对事对己都无益。我们只有用自己的理性思维才能获得自尊的人生。

9. 面对领导的成见如何处理

说你行，不行也行；说你不行，行也不行，这就是成见。在现实生活中，有些领导对人对事总抱有一种固定不变的看法。别人迟到，他不声不响，可我们迟到了，他就瞪眼。成见是一种思想认识上的偏见，是思维定势的一种表现。如果领导对我们有成见，应该如何面对呢？

扪心自问找原因

成见不是一朝一夕产生的，也不是平白无故就有的。对人有成见，往往也不是对各个方面都看不惯，通常只是一个方面，或在能力上，或在工作态度上，或在生活作风上等。一旦发觉领导对我们有成见，首先就要扪心自问：那到底是什么成见？他为什么会有成见？然后再考虑相应的对策。如果那种成见对我们无关紧要，也就不要放在心里，即使对我们有较大的影响，也不要烦恼和急躁。

领导对我们有成见是不对的，但有成见不能全怪别人，恐怕与自己的某些言行也有关系，特别与领导最初的接触中留下了不好的第一印象密切相关。如果自己确实也有责任，那么，要消除领导的成见，就要先从克服自己的不足入手。

缄口不语勿张扬

领导到底对自己有没有成见，这是一个很难说清的问题，只能凭感觉，要拿出证据来比较困难。即使自己认为是证据，别人也会觉得事情本来就应该是这样，是自己的神经过于敏感。

因此，我们发觉领导对自己有成见后，不要声张。本来，领导对自己有成见，只是个人的感觉，别人不一定知道，如果自己一张扬，别人就都知道了，有些人说不定还会幸灾乐祸呢。自己到处张扬，一旦领导知道，他自然恼火，很有可能成见更深。如果不是特别大的成见，不妨缄口不语，用沉默对待。时间一长，领导对自身的成见说不定就慢慢消除了。

我行我素佯不知

郑板桥的"难得糊涂"，如果运用恰当的话，实在是为人处世方面的一个重要策略。有些人处境尴尬，与领导相处不融洽，并不是水平不高和能力不强，而是自己太聪明、太清楚，什么事都明明白白，"聪明反被聪明误"。

领导对自己有成见，如果不会对自己的前途有多大的影响，或者只是轻微的，那就不妨我行我素。我们当作不知道，当作没成见，以前怎样现在依然怎样，爱下棋就继续下棋，爱开玩笑就照样开开玩笑，不喜欢讨好巴结就不要去奉承迎合。有些事情，自己不在意，人家也就无所谓；自己越是在意，人家也就真把它当作一回事了。

关键时刻露一手

关键时刻显本色成见的形成有一个过程，要让领导抛掉成见不是很容易的事，但也不是说无计可施了。最好的办法就是抓住适当的机遇，在关键时刻露一手，以一种全新的姿态，让大家和领导刮目相看，从而明白自己到底是怎么样一个人。比如领导一直以为自己做事不够尽心，马虎粗糙，纰漏较多，原因是自己一开始时做过一件不够细心的事。

现在，有一桩比较复杂的清理资料工作要我们做。这是一堆很多很杂的资料，且多年没人管了，里面全是灰尘和蛛网，清理起来颇费时间和精力。为了消除领导对自己的成见，我们必须花大力气，用十分认真的态度来清理，争取做得井井有条。如果你认为反正领导对自己有成见，做得再好也是白搭，索性就应付搪塞，那就永远也不可能消除领导对自己的成见。

10. 与领导相处缓解压力的方法

如何面对领导的姿态？相信每一个人都曾因此困惑过。

人的塑性和刚性是并存的。在与领导相处时，有时候要用好塑性，有时候要充分显示自己的刚性。首先必须明确，不管受到了怎样的不公正待遇，就算领导再怎么不讲理，也一定要勇于提出自己的要求！如果隐忍不发，谁会知道自己心中所思所想与所求。须知，任何利益都是自己争取来的，不是别人给什么就必须接受什么。

提要求时最重要的是自信。当然，这一点基于自己提出的要求是合理的（一定要认清这一点）。

将心比心，领导也是普通人，他的任务更重，也要面对来自他的领导及方方面面的压力。其实，对绝大多数领导而言，他们最大的愿望是更好更快地完成任务，而不是为了故意刁难谁。

觉得领导对自己不够公正时，首先需要的是冷静几分钟，换位地想一想：他为什么这样做？千万不可情绪化，从而对其产生成见，或者与其大吵一架，把情况搞得更糟。正确的选择是坚持"对事不对人"，了解领导的真实想法，顺应他的思路，冷静、客观地提出自己的要求。

还要选择正确的方式，心平气和最易被人接受，也最能反映我们的风度。如果是要求待遇问题。要实事求是地列举出自己付出的劳动，所得到的回报是怎样地适合，并适当地举出别人待遇合理的例子，有理有节地请领导告诉自己其中的原因。如果沟通无效，亦可"越级上告"。诚然，大领导一般不愿接受"小兵"告将的情况，但为了改变状况，必须勇敢地对顶头领导说"NO"！

切忌私下里飞短流长，议论或传播对领导的不满，私下议论不仅于事无补，万一遇上个"小人"到领导那里献个殷勤，那自己就死定了。再说采用这种低劣做法，简直就是自毁形象。当然，工作中难免有一段时间需要忍耐。与领导刚开始合作时，要有一个相互了解、相互取得信任的过程，此时，我们需要努力证明自己的实力，有些小的不愉快要忍耐。最好是和领导经常进行一些小沟通，比如汇报工作进展、请教如何改进等等。虚心不仅可以使人进步，虚心也能获得领导的赏识。

平心而论，领导在这个职位上也并不总是称心如意。他的压力、他的烦恼或者他的秉性决定，可能很难与教师沟通，也不易获得朋友般的友谊，这种"高处不胜寒"的滋味下属是很难理解的。与领导相处有许多学问，其实领导也需要理解、也需要赞扬、也需要知音。我们给他理解了吗？给他赞扬了吗？是他的知音吗？

所以，作为教师不要一味地觉得领导总给自己施加压力，而应多一份理解与支持。

11. 控制自己的情绪消除压力

只要人活着，就有各种各样的矛盾和困扰，这是个谁也无法逃避的事实。

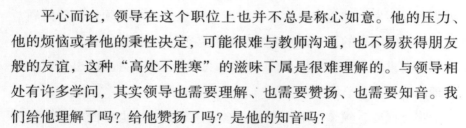

　　无论我们怎样努力维护与周围人的和睦，也避免不了与人产生各种纠纷。许多事情不能因我们的"大度"而就此罢休，有时还需要我们对周围的环境做出某些绝决的反应，也就是说，需要对正在进行，或者已经发生的事情做个选择：是攻，是守，还是逃？但不管怎样，在工作中与领导发生分歧时，最好是避免与之发生正面的冲突，不要针尖对麦芒。

　　面对领导的愤怒，如果我在此时与之冲撞或分辩，即便真理真的在自己这边，但争论的结果无论谁输谁赢，谁向谁赔礼道歉，最终在感情上都很有可能造成两败俱伤，双方都会认为对方的心眼太小，容纳不了一粒沙子。而最惨的还是自己，因为他是我们的领导，我们不得不继续在他手底下干活，听他安排事宜，你得罪了他，给了他难堪，他还会像以前一样信任自己吗？

　　1946 年后半年，日本社会政治、经济形势都激烈动荡。1946 年铁路工会决定从 9 月 15 日起罢工。这是日本战后经历的第一次巨大的震荡。在这种局势面前，作为首相的吉田茂终于坐不住了。他感到既失望又恼怒，想不到国家如此艰难，而民众却如此不理解，不能与执政者休戚与共。怀着满腔的激愤，吉田茂发表元旦广播说："现在竟有人不仅利用这个可悲的经济状况，为了政治斗争的目的，空喊经济危机，企图加剧社会不安，阻碍生产，而且企图破坏为重建经济的举国一致行动。因此，我不得不呼吁我国人民的爱国心，抨击他们的行动。"并说，"我相信在我国人民中有很多这种不逞之徒。"尽管极力克制，他还是讲出了"不逞之徒"这个词，以发泄他的愤怒。这句话就像在烈火中加了油，反对党、工会和新闻舆论都激起了更大的反抗，纷纷指责吉田茂把全国工人阶级都称做"不逞之徒"，报纸上也对他展开了新的攻击，纷纷要求吉田茂取消新年讲话，并向人民道歉，工会宣布要进行总罢工。只是后来在盟军武力的威慑下，总罢工才没有

进行，但是盟军对吉田茂控制情绪的能力打了个问号，一个月后，麦克阿瑟致函吉田茂，指示举行大选。在新一轮的大选中，吉田茂遭到惨败。

当领导对自己已经有成见时，而他又是极为挑剔的，我们的任何一点失误都可能会掀起轩然大波，此时的我们最好是格外谨慎、细致和小心，不能像吉田茂一样意气用事。而与吉田茂不同的是，我们面对的是领导，但这两种情况的道理是相通的，因此我们千万不可轻率地与领导对着干，否则会像吉田茂一样，授人以柄，弄得自己狼狈下台。

我们在不能控制自己情绪的时候，往往会为自己找个借口，觉得自己是不由自主的。但是，不论我们是否该为自己的愤怒情绪负责，还是认为其他人该为自己的愤怒负责，我们是可以选择的，可以选择自己解决这件事的其它任何方式去冷静处理面对的事情。

12. 分析领导的批评分解压力

现代都市快节奏的生活步伐，高度紧张的工作压力，同事朋友间的摩擦，已经令我们疲惫不堪、心力交瘁，如果再加上领导给自己增加的压力，我们的负担可想而知。在这种情况下，我们甚至是做了很大的牺牲，但事情的发展仍然与我们的愿望相距甚远或背道而驰。由于长期处于这种极度压抑的状态中，因此我们的身体状态和心理状态都会出现问题，这也是当代世界上最突出的社会问题之一。

那么，怎样才能够使自己的精神世界脱离这种超负荷的运转呢？

任何事物都是由于有了对立面才会产生问题的，而解决问题的根本亦在于有了对立面。当你受到任何的批评、纠缠时，为了弄个一清二楚而搞得筋疲力尽是非常没有必要的，那样会使自己陷入无休止的争端中去。而正确、可行的减压方法就是在权衡利弊的情况下，让压力适当地"流"出一点来。

如果是遇到来自领导的批评或者冷淡，我们首先要冷静下来分析事的原因是怎样产生的，以便做出适当的反应。如果受到不公平的待遇，内心诚惶诚恐，而找不到解决问题的途径，那只会导致自己做事更加地缺乏自信。有时人越是表现得唯唯诺诺，反而会更加遭受嘲弄，以后的工作也会感觉更加吃力。所以遇到这类问题时，一定要让自己的不满得到妥善的解决，事实胜于雄辩，从而使批评者在潜意识中对我们产生歉疚之情，对自身的行为进行检讨。

任何场合下受到领导的批评时，与之发生当面的冲撞是最不明智的选择。要使事情处理得好，首先必须要搞清楚领导为什么批评自己，也许是他要求我们做的工作而我们未完时对我们的督促；有时是发现了工作中存在的问题而进行纠正；有时是对下属的自以为是而进行防止酿成大错的提醒；有时也可能是对下属"杀一儆百"的惩戒……不管是面对何种情况，只要我们掌握了事情发生的原因，便可以从容应付。

面对领导的批评、指责或给予我们的其他压力时，我们应当很完整地弄明白他这样做的目的，然后可以告诉领导，我们有一种比他更好的方法来达到这个目的，或者直接告诉他你对这个问题的态度。总之，我们一定要用正确的态度来对待自己，"有则改之，无则加勉"，从而不打击自己的自信心，让自己更有勇气地迎接下一个人生挑战。

当然，需要提醒的是，这个方法不能多用。我们的不满只能适当地流出一点点来即可。否则，领导会反感的，他会觉得我们对他的不满太多了而不敢再信任我们。

13. 搞好人际关系抵消领导压力

在职场上拼搏的人都知道与领导特别是顶头领导相处融洽至关重要，虽不用"伴君如伴虎"那般提心吊胆，但万一"失足"后果还是难以估计的。平时多掌握些与人相处，特别是与领导相处的技巧往往能使你生活、工作游刃有余，万一得罪了领导，下面几条或许会有所帮助。

以退为进

如果我们的某项方案优于领导，使领导在众领导面前很难堪，此时我们不妨以退为进，主动指出自己方案的不成熟之处、对方方案的优点，给其一个台阶下。然后找个时间单独与其交流，向他征求对于这一方案的意见。这样以退为进，往往能赢得领导和众人的赏识。

如果一不小心触及到了领导的隐私，不妨装作糊涂，在适当的时机摆出一副同病相怜的样子，跟领导促膝谈心，把他的"苦难史"转借到自己的身上，由自己来叙述，这样可能会产生意想不到的共鸣，甚至还会把我们当作知己呢！

奋发图强

如果领导故意找茬，当众贬低我们的工作能力，我们反唇相讥，两人面红耳赤，那我们现在能做的最为有效的方法就是加倍努力，发愤图强，使自己的业务能力出类拔萃，有目共睹，用实力证明给大家看，这样他以后就不会再小觑自己了。

走为上计

说实话，这一招比较无奈，如果实力不够强劲，切不可贸然使用。如果的确"技高人胆大"，而目前所效力的学校又比较烂，那不妨一试，给自己一个重新开始的机会。

不过总而言之，得罪领导很多时候还是由于"出言不慎"，因此，平日多看少说，三思而后行，仍是减少很多不必要麻烦的不二法门，也是处理好同事关系的良药。

尊重领导

领导一般具有较高的威望、资历和能力，有很强的自尊心。作为下属，应当维护领导的威望和自尊。在领导面前，应有谦虚的态度，不能顶撞领导，特别是在公开场合，尤其应注意，即使与领导的意见相左，也应在私下与领导说明。

听从领导指挥

领导对下属有工作方面的指挥权，对领导在工作方面的安排、指挥必须服从，即便有意见或不同想法，也应执行，对领导指挥中的错误可事后提出意见，或者执行中提出建议。

勿指责领导

对领导的工作不能求全责备，而应多出主意，帮助领导干好工作，不要在同事之间随便议论领导、指责领导。当然，对个别品德很差、违法乱纪的领导，另当别论。

提建议要讲究方法

在工作中给领导提建议时，一定要考虑场合，注意维护领导的威信。提建议一般应注意两个问题：一是不要急于否定原来的想法，而应先肯定领导的大部分想法，然后有理有据地阐述自己的见解；二是要根据领导的个性特点确定具体的方法。如对严肃的领导可用正面建议法，对开朗的领导可用幽默建议法，对年轻的领导可直言建议法，对老领导可用委婉建议法。

了解领导

兵家说：知己知彼，百战不殆。在职场中也一样，对领导的背景、工作习惯、奋斗目标及他喜欢什么、讨厌什么等等了如指掌，当然于自己大有好处。一个精明强干的领导欣赏的是能深刻地了解他，并知道他的愿望和情绪的下属。

如果我们不了解领导的为人、喜好、个性，只顾挥汗如雨的埋头苦干，工作再怎么出色也是得不到领导的赏识和认同的。在工作中多多留意一下领导的言谈举止，品味一下他的为人，不但可以减少相处过程中不必要的摩擦，还可以促进相互之间的沟通，为自己的晋升扫清障碍。

注意等级差别

由于家庭环境和社会影响，现在的年轻人很容易只把领导看为学校团队中与自己相同的一份子。特别是领导与自己年龄相仿，在工作交往中便更加无所顾忌。平时直呼其名，随便开玩笑，若有了什么不满也不分场合直抒胸臆。但是领导不是我们的朋友，他在乎他的权威和地位，他需要别人的承认。如果我们的领导知道自己如此"礼遇"他，他会很没面子。就算他是我们的朋友，在学校也最好把关系单纯为简单的上下级关系。

永远不要在领导面前流泪

泪水容易给人这样一个信息：她是柔弱的，她的承受力太差了。如果在领导面前流眼泪，原先打算提拔自己的领导也可能会认为我们不能胜任工作。

忠诚

我们可以能力有限，可以处事不够圆滑，可以有些诸如丢三落四的小毛病，但我们绝对不可以不忠诚。忠诚是领导对教师的第一要求。不要试图搞小动作，我们的领导能有今天的位置说明他绝非等闲之辈，自己智商再高，手段再高明，在他的经验阅历面前也不过是小儿科。

及时完成工作

职员的天职就是工作。如果没有完成领导交给我们的任务，不管有什么客观因素，别试图在心存不快的领导面前解释什么，没有做好本职工作，任何理由都不是理由，因为领导关心的只是事情的结果。工作没做好，我们的解释只会让他更加反感。如果确实是领导的安排有问题，我们可以事后委婉地提出，但千万不要把它作为拖延工作的理由。

对领导的动机要明察秋毫

领导下达命令的不同方法可能暗含不同的目的：吩咐，意即要求下属严格执行，不得另行提出建议及加上自己的判断；请托，给予下属若干自由裁量的空间，大方向不得更改；征询，欲使下属产生强烈的意愿和责任感，对他极为青睐；暗示，面对能力强的下属，有意培养对方的能力。所以，当我们接受一个任务时，用点心，不要辜负领导的美意，错失良机。

小处不可随便

注意自己的言谈举止和工作中的细节问题，越是随意的场合越要加以小心；当事人无心，旁观者有意。很多领导都信奉"见微知著"的四字箴言，认为这些生活中的旁枝末节将暴露一个人太多的秘密，潜意识的行为是很难伪装的。比如文案的摆放显示了一个人做事的条理性和缜密度，发言的音量说明了一个人的自信心如何，酒会上行为是否得体暴露了一个人的个人修养与自制力，等等。

不要委曲求全

涉世之初，我们被告诫："忍一时风平浪静，退一步海阔天空"，总想委曲求全，即使被领导冤枉骂得狗血淋头也固守沉默是金，大不了背地里痛哭一场。可委曲能求全吗？不！一方面自己的"大度"掩盖了学校内部真正存在的问题，另一方面会让领导误解自己的能力甚至是人品，我们的无言使他对自己的判断更加深信不疑：她理亏所以她无话可说。既然于公于私都无益，还不如找机会解释清楚，比如写封信。

要有团队精神

没有一个领导喜欢害群之马，因为是他所服务的团队给了他威严、权利和成就感。没有整个团队的成长，他的事业就失去了依托。不要只想着怎样讨领导喜欢，要和自己的同事融洽相处，别搞个人主义，孤胆英雄只有在影视作品里才有人赏识，在现实生活中却让所有的人嫉恨。如果自己不打算做个自由职业者，除了融入集体，别无选择。

倾听

在与领导交谈时，我们通常很紧张地注意着他对自己的态度是褒是贬，当领导讲话的时候，要排除一切使自己紧张的意念，专心聆听。眼睛注视着他，不要呆板地埋着头，必要时做一点记录。他讲完以后，可以问一两个问题，真正弄懂他的意图。记住，领导不喜欢那种思维迟钝、需要反复叮嘱的人。

积极工作

成功的管理者希望下属和他一样，都是乐观主义者。有经验的下属很少使用"困难"、"危机"、"挫折"等术语，他把困难的境况称为"挑战"，并制订出计划，以切实的行动迎接挑战。

14. 领导者减轻教师压力的技巧

作为领导在行使权力时，经常会给教师造成压力，压力过大，不但会使教师的工作效率降低，而且还会造成敌对情绪；压力太小，又会影响工作的顺利进行。那么如何合理地把权力使用得恰到好处呢？

这需要掌握一个度，以下就是关于如何行使权力、命令以减轻教师压力的一些技巧。

对权力应有正确了解

建立自己权威的形象，必须增加知识，才能赢得他人的信服和承认。如果一味追求树立形式上的权威，而不注重自身的修养，因权力而产生的适当的压力将会因人们的厌恶而降低。

减少使用代价昂贵的权力

不应随意许诺给下属加薪，以换取他对自己言听计从，这样用权的代价会很高。用夸奖、赞美或给予头衔等办法，同样起到激励的作用却不增加费用成本。为此，对权力的投资要明智，避免代价过高。

奖罚要符合实际行为

奖罚必须分明：奖罚不当就是乱用权力，必然引起他人反感。

控制权力的行使

必须清楚自己的职责范围，对下属不要提出超越权限的不合理要求，确保权力运用得恰当，以获得期望的成果为标准。

要保持策略有效而持久

不能持续不断地使用奖罚策略，否则就会失去奖惩的作用。不要每次都对有特别表现的人予以奖励，偶尔给予奖励更为有效。

采用商量式的命令

命令教师去做事时，千万不要以为下了命令，事情就可以达成。做指示下命令，当然必要，同时必须仔细观察考虑，对方在接受指令时，有什么反应，他是在什么状态下、如何接受自己的命令的。

聪明的管理者，在对人做指示或下命令时，应该这样发问："你的意见怎样？我是这么想的，你呢？"然后仔细留意对方的反应。

鼓励提相反的意见

当下属对领导的方案没有异议时，并不表示此提案是最好的，他们可能是畏惧领导的权力，不敢当面提出来。这时，切不可沾沾自喜，应鼓励他们大胆提出自己的看法，如此综合多方意见，不断完善自我，才能使自己更上一层楼。下面提供的几点建议，可作为领导在这方面自我检查的参考：

（1）自己是否诚心征求下属提出自己的意见？

（2）自己是否在下属未发表任何意见前，就已下结论？

（3）自己是否能在上级面前轻松地提出自己的见解？

（4）自己是否时常努力做多方面思考，并鼓励下属也如此去做？

权力的运用必须与压力、权威相联系，适度的压力是有利的，但是如果过了则有很大的害处，会使教师的积极性受到很大的挫伤。因此作为一个管理者在行使权力过程中，一定要合理运用权力和命令的管理艺术。

15. 如何采用危机管理以减轻压力

如果学校不幸遭遇了危机，如何处理呢？危机管理有以下几条行之有效的策略：

（1）领导者对危机情景要防患于未然，并将危机影响最小化。

（2）领导者要未雨绸缪，在危机发生前就做出响应和恢复计划。对教师进行危机管理的培训，并组织做好准备以预防未来可能出现的危机及其冲突。

（3）在危机情景出现时，领导者需要及时出击，在尽可能短的时限内遏止危机蔓延。

（4）当危机威胁进逼，冲击在即，领导者需要面面俱到，不能小视任何一方面。这就意味着此时要运用与危机初期不尽相同的资源、人力和管理方法。

（5）危机过后，领导者需要对恢复和重建进行管理，这也意味着此时运用的资源、人力和管理方法与危机初期和中期又有所不同。

危机并不都是有害而无利的，问题的关键是以怎样的态度去面对危机，如果处理得当，危机所带来的压力将促进学校的成长。

16. 减轻教师消极心理的方法

教师的心理压力，可分为能起积极作用的压力和起消极作用的压力。譬如说，某教师受到了表扬，得到了同事的承认和尊重，或受到了领导的高度期待和信任，这对教师来说是一种激励，因为教师担心若不作出成绩来会让领导和同事失望，于是他会努力作出成绩来以证实自己。再如在关键时刻会使人产生一种成败在此一举的压力，而这种压力会使一个人潜在的能力得到充分的发挥。但是，在现实工作中不是每个教师都能得到领导的重视和同事的理解的，相反，许多人往往会感到如工作内容单调乏味，跟不上新的工作节奏或完不成领导交给的任务，等等。起消极作用的压力的产生，不仅损害教师的身心健康和工作情绪，也不利于学校的长期稳定和发展。所以，不可忽视教师消极心理压力的产生。

产生心理压力的外界因素，有来自工作、家庭、经济、社会等。如：由于自己得不到晋升，或收入不如同龄人，住房得不到改善，以及工作与职业观不符，所以不能满足自己通过工作得到成长的需要而形成消极心理压力。

由教师个体原因引起的消极心理压力有生理、心理两个方面。生理方面原因有疾病、疲倦、年龄等。心理方面原因有自我评价不适当、心理缺陷、不能正确对待挫折等，因而形成心理压力。

控制管理消极心理压力的方法，可从个人调节和组织援助两个层面展开：

自我调节法

（1）压力释放法，调整自己的心态，释放压抑而保持心理平衡。

（2）心理咨询法，向受过正规训练的专业心理医生寻求帮助。

（3）确立适当的个人发展计划。实事求是的发展计划可减轻外界评价的压力。

（4）培养自己的抗压能力，不同的人对心理压力的感受程度是不同的。原因就在于每个人的抗压能力不同，正确、积极的方法应是有意识地培养自己的抗压能力，并用积极的方法进行心理调整，才能保持信心。

组织援助法

可考虑以下几个措施：

（1）帮助新教师避免"现实冲击"，如开设新教师培训班，帮助新教师了解学校的创业史、学校文化、学校的目标、学校的价值观、学校的规章制度及如何与第一个上级和同事相处等等，给新教师一种行动指南并让他树立起自信。

（2）建立双向沟通，常常倾听新教师对自己的工作才能、需要、价值观等等的述说。

（3）为教师提供个人发展渠道。

（4）重视教师培训，在知识经济时代，培训的目的应比以往要广泛得多，除了以前的培训目的外，还应包括与人沟通的技能、建设团队精神的技能、培养和强化教师的献身精神以及更新知识、发现创意的能力，等等。

总之，让教师不负心理压力，轻松地投入工作，是保证教师的身心健康和学校发展的最基本的条件之一，所以了解并运用正确的控制方法是进行管理所必要的。

第三章

减轻同事压力的方法

1. 与同事和谐相处以远离压力

因为同事每天都相处在一起，如果不能维持良好的人际关系，每天的生活就如坐针毡了。况且人际关系一旦恶化，挽回原来的感情恐非易事。

各尽本分

维持同事间人际关系圆满的第一步，就是各人对自己分内的工作尽责完成。这不但是同事间相处时所必需的，也是在工作场所人际关系中共同的基本守则，特别是对同事间的人际关系，有极重大的影响。因为如果连自己分内的工作都不能做好，而连累其他同事，这种人即使存有关怀他人之心，也无法维持良好的人际关系。基于这个理由，每一个教师都应该做好分内的工作，能够这样的话，才能得到同事的信赖，也才能站在平等的立场谈论问题。

顾及同事的立场

人都必须存有关怀他人之心，但这里的所谓关怀，并不是指对某一个同事而言，而是关怀全体同事，同时遵守学校的规定。千万不要处处以自我为中心，这一点是非常重要的。

无论任何种类的工作，都不可能完全由一个人独立完成，多数情况是和同事分担或协力来完成的。如果破坏规定而为所欲为，势必会影响分工合作的精神，工作的效率自然降低，也会使同事感到不愉快。

处理好合作关系

毫无疑问，渊博的学识和不断的创新是事业成功的基础。然而，把一个概念变为成果，离开同事的合作，任何人都无法实现。与人合作得是否愉快且卓有成效，完全取决于我们与人相处的能力。

（1）只说不听无法学到东西。当和同事交流时，如果我们总是说，就学不到什么东西。只有在创造性地倾听时才能学到。因而，让别人说，给人以表达的机会，去倾听他们的意见。

（2）表现人性的一面。有两条最有助于与领导和教师的沟通交流及理解：一是有错认错，二是公开批评自己。一旦犯了错误，就马上承认。另外，幽默感和自嘲是很有益的。幽默感常能使你摆脱尴尬局面，化干戈为玉帛。

（3）切忌猜疑。有句俗语说："猜疑把你我都变成了蠢驴"。然而，我们还是经常推断别人的反应和行为。我们常以为事物是不变的，人是不变的。有时，我们根本观察不到过去情况已发生了微妙的变化，而这些变化可能促使人们采用与过去不同的行为方式。

（4）实现真正的宽容。宽容是容忍我们不同意的事。比如说，我们的助手设计了一套方案，但是出来的效果我们并不满意，是不是在责备他之前，保持冷静，让他提出一个经过试验的最终设计呢？

与人相处得好，是人一生中最重要的品质，不是生来就有的；同时，从现在做起也不晚。缺少了与他人的和谐关系，就算有了知识、智慧和财富也毫无意义。

2. 灵活对人，方圆处世

与工作岗位上的人交往时，必须练就人与人之间进退应对技巧。

积极与有个性的人交往

一位评论家强调：平时需与有个性的人交往以锻炼自己，使自己成为坚强的人。有个性的人，全身上下都有棱角，刚开始与这样的人交往可能不习惯，因为会因与其棱角对抗而伤痕累累，但绝不可因此退却，否则便会失去锻炼自己的宝贵机会。要学会忍受，要喜爱那些有棱角的人。这样，不管遇到多么尖的棱角，也不会感到厌恶。这样，自己便有可能成为圆满的人。长期与有个性的人交往，对方的习惯性格也会融入我们的体内，并渗入血液，由于体内吸收了异己的分子，则能感觉到自己变成了一个更有深度的人。

在职场生涯中，不得不与形形色色的各种人物打交道，不要因对方是自己不喜欢的人，就厌恶他。不妨学习与这种人适当交往的办法，这样，自己也能渐渐地成长为有肚量的人，从而能在职场生涯中崭露头角。

学会保护自己

许多力争上游的白领，很注意将对手打倒，却不善于保护自己，这是不足取的。一方面要友好竞争，一方面要在众人的竞争中保护自己，在势孤力弱的情况下，就要夹紧尾巴，千万不要露出要拼搏、要向上爬的样子。俗语说："不招人忌是庸才。"但在一个小圈子里，招人忌是蠢材。在积极做事的时候，最好摆出一副"只问耕耘，不问收获"的超然态度。

最好避免金钱来往

常人有一个坏毛病，向人借来的钱很容易忘掉，借给别人的钱，经常记得牢牢的。因此，在此强调，有关钱的问题，必须注意下面几点。

（1）在社会上工作的人，必须在身边多带些钱。

（2）尽量避免借钱给别人。

（3）借出的钱最好不要记住，借来的钱千万不要忘记。

（4）假如身边钱不方便时，不要参与分摊钱的事。

（5）养成计划使用钱的习惯。

领导批评同事不宜随声附和

恣意批评下属的缺点及抱怨下属缺乏才能的主管太多了，如果你当时在场，听到领导批评同事后，应如何应付？

如果领导指出的情形属实，确是同事的缺点时，我们会说："我有同感，他有你说的缺点。"但如果我们只同意他有某些缺点，一旦传到当事入耳中，将被认为我们和领导背地说长道短，批评别人的错处。因此表示对他的缺点有同感后，应向领导解释同事的优点。有关同事的隐私，即使知道也装作不知道。

不要背地里议论同事

同事之间往往会在闲暇时议论一些其它同事，虽并无恶意，但如果被心怀不轨的同事听到，很可能会添油加醋地到处宣扬。因此，有关同事的隐私和秘密，最好不说为佳。

不要在同事面前批评领导

有人在白天被领导没道理地骂一通之后，喜欢晚上约个同事小喝一杯，然后对着同事发牢骚。认为同事既然和自己喝酒了，应该就是站在自己的这一方，借着酒气，对领导大肆批评起来。这种事情一定要避免。

不论多么值得信赖的同事，当工作与友情无法兼顾的时候，朋友也会变成敌人。在同事面前领导无疑是白丢把柄给别人，有一天身受其害都不自知。就算算这位同事和自己肝胆相照，不会做出出卖自己的事情，但也小心隔墙有耳啊！所以当我们要向同事吐苦水时，不妨先探探对方的口气，看看是否同意自己的看法。如此用心，是在社会上立足不可缺少的条件。

当同事当众被领导责备时，不要马上安慰或同情

当同事在全体同仁面前被公开责备时，他所受到的伤害，绝对比一对一挨骂要来得深。被骂的人也一定是怒火中烧，痛恨领导为什么要在众人面前给自己难堪，此时他的心灵也是最脆弱的。这个时候，我们如果冒失地给予同情或安慰的话语，结果又会如何呢？不但在众人面前骂，又在众人面前被安慰，那种羞辱的感觉一定更为深刻。在这种情况下，说什么话都不恰当，也许我们认为是一片好心，但在对方看来是火上加油。因此，最好就是保持缄默，然后在工作结束后，把同事约出去吃顿饭什么的，转换一下他的心情，这样做不但不会引起"迁怒"之憾，还可博得同事的信赖。

3. 愉快工作减轻同事的压力

在我们的工作环境里，建立良好的人际关系，得到大家的尊重，无疑对自己的生存和发展有着极大的帮助，而且有一个愉快的工作氛围，可以使我们忘记工作的单调和疲倦，也使我们对生活能有一个美好的心态。遗憾的是，我们常常听到不少人对怎样处理好办公室里的人际关系感到棘手，抱怨甚多。根据行为专家的忠告和众多人提供的经验，我们不妨从以下几个方面入手。

如果有意见最好直接向领导陈述

在工作过程中，因每个人考虑问题的角度和处理的方式难免有差异，所以对领导做出的一些决定有看法，在心里有意见，甚至变为满腔的牢骚。在这些情况下，切不可到处宣泄，否则经过几个人的传话，即使自己说的是事实也会变调变味，待领导听到了，便成了让他生气和难堪的话了，难免会对我们产生不好的看法。如果我们经常这样，就是再努力工作，做出了不错的成绩，也很难得到领导的赏识。况且，我们完全暴露了自己的弱点，很容易被那些居心不良的人所利用。这些因素都会对我们的发展产生极为不利的影响。所以最好的方法就是在恰当的时候直接找领导，向其表示自己的意见，当然最好要根据领导的性格和脾气用其能接受的语言表述，这样效果会更好些。作为领导，他感受到我们的尊重和信任，对我们也会多些信任，这比我们处处发牢骚，风言风语好多了。

乐于从老同事那里吸取经验

那些先来同事，相对来说会比自己积累了更多的经验，有机会时我们不妨聆听他们的见解，从他们的成败得失里寻找可以借鉴的地方，这样不仅可以帮助我们自己少走弯路，更会让他们感到我们对他们的尊重。尤其是那些资历长，但其他方面比自己弱一些的同事，会有更多的感动，而那些能力强的同事，则会认为自己善于进取，便会乐于关照并提携我们。我们也常常会看到这样的反例，有些人能力强，可在单位里，自视甚高，不买那些老同事的账，弄得老同事很反感，而这些老同事毕竟根基深厚，方方面面都会考虑他们的意见，结果关键时候自己会因此受挫，这不能不引起我们的重视。

对新同事提供善意的帮助

新到的同事对手头的工作还不熟悉，当然很想得到大家的指点，但是心有怯意，不好意思向人请教，这时，我们最好主动去关心帮助他们，在他们最需要得到帮助之时，伸出援助之手，往往会让他们铭记终生，打心眼里深深地感激我们，并且会在今后的工作中更主动地配合和帮助我们。切不可自以为是，把新同事不放在眼里，在工作中不尊重他们的意见，甚至斥责，这些态度都会伤害对方，从而对自己产生恶感。

用自己的性别优势关心异性同事

人们对任何形式的性骚扰都普遍感到反感，但是如果能利用自己性别上的优势去帮助异性同事，则会得到他们的好感。不能否认，两性各有各的长处，比如男性较有主意，更能承受艰苦劳累的工作，也能更理性地分析并解决问题等等，而女性呢，则显得比较有耐心，做事细心有条理，善于安慰人等等。尽管只是同事，并不是在家里，但每个人也渴望得到同事们的关心和理解，若能善于发挥自己的长处，对异性同事多些关心和帮助，如男性多为女同事分担一些她们觉得较为吃力的差事，女性多做些需要细心的工作，如美化办公室环境，这些对我们来说并不难，效果却很好，对方对自己所给予的关心与支持打心眼里感激，将我们视为可以信赖的好同事。

适当"让利"，放眼将来

有一些人与同事的关系不好，是因为过于计较自己的利益，老是争求种种的"好处"，时间长了难免惹起同事们的反感，无法得到大家的尊重，而且他们总在有意或无意之中伤害了同事，最后使自己变得孤立。而在事实上呢，这些东西未必能带给自己多少好处，反而弄得自己身心疲惫，并失去了良好的人际关系，可谓是得不偿失。如果对那些细小的，不大影响自己前程的好处，多一些谦让，比如单位里分东西不够时少分些，一些荣誉称号多让给即将退休的老同事等等，再比如与其他人共同分享一笔奖金或是一项殊荣等等，这种豁达的处世态度无疑会赢得人们的好感，也会增添我们的人格魅力，会带来更多的"回报"。

让乐观和幽默使自己变得可爱

如果我们从事的是单调乏味或是较为艰苦的工作，千万不要让自己变得灰心丧气，更不可与其他同事在一起怨声叹气，而要保持乐观的心境，让自己变得幽默起来，如果是在条件好的单位里，那更应该如此。因为乐观和幽默可以消除彼此之间的敌意，更能营造一种亲近的人际氛围，并且有助于自己和他人变得轻松，消除了工作中的劳累，那么，在大家的眼里自己的形象就会变得可爱，容易让人亲近。当然，我们要注意把握分寸，分清场合，否则会讨人嫌。

只要自己以真诚的态度注意从以上几个方面去努力实践，同时在工作时保持做人的正义感，那么做个让人喜欢的好同事，得到一个好人缘并不难，工作会非常快乐。

4. 消除相处禁忌以减轻同事压力

学校就是一个小社会，人多嘴杂。面对各种利益冲突，我们必须找准角色定位，既不能孤芳自赏，又不能表现过度。新进一个学校，人地生疏，特别是在一个各类人员云集、良莠一时难辨的办公室内，如何迅速赢得大多数人的好感，尽快融入其中，营造良好的人际关系呢？

（1）忌拉小圈子，互散小道消息。办公室内切忌私自拉帮结派，形成小圈子，这样容易引发圈外人的对立情绪。更不应该的是在圈内圈外散布小道消息，充当消息灵通人士，这样永远不会得到他人的真心对待，只会对自己唯恐避之不及。

（2）忌情绪不佳，牢骚满腹。工作时应该保持高昂的情绪，即使遇到挫折、饱受委屈、得不到领导的信任，也不要牢骚满腹、怨气冲天。这样做的结果，只会适得其反。要么招人嫌，要么被人瞧不起。

（3）忌趋炎附势，攀龙附凤。做人就要光明正大、诚实正派，人前人后不要有两张面孔。有的人在领导面前充分表现自己，办事积极主动，极尽"溜拍"功夫；在同事或下属面前，推三阻四、爱

87

理不理，一副予人恩惠的脸孔。长此以往，处境不妙。

（4）忌逢人诉苦。把痛苦的经历当作一谈再谈、永远不变的谈资，不免会让人避让三舍。忘记过去的伤心事，把注意力放到充满希望的未来，做一个生活的强者。这时，人们会对你投以敬佩多于怜悯的目光。

（5）忌故作姿态，举止特异。办公室内不要给人新新人类的感觉，毕竟这是正式场合。无论穿衣，还是举止言谈，切忌太过前卫，给人风骚或怪异的印象，这样会招致办公室内男男女女的耻笑，同事会认定他（她）没有实际工作能力，是个吊儿郎当、行为怪异的人。

5. 把握距离，少生是非

与女同事相处

和女同事相处，只需牢记一条即可：不要有嫉妒心。无论是对于同事的生活，还是事业。

（1）与爱发牢骚的女同事相处。一些女教师不客气地说"讨厌某个班"、"这样的工作干不了"，并对自己的言行不负责任。对于她们的这些做法，不妨给她们戴戴高帽。"不，要是你，肯定能干好"、"请你一定要帮这个忙"听到这样的奉承，看看她想不想干？

（2）训斥时要注意方式。稍加责备，就撅起嘴来生气了，并认真地开始反攻。男人最棘手的事情，也许就是女人这种歇斯底里的反攻。本来女性就比男性容易认真，又好感情用事，责备她们时应注意以下几点：

①不在他人面前责备；

②不把她们与其他人比较。最好在其他人不在场的地方，冷静地告诉她，"希望你注意这一点"。

（3）平等接触。对刚刚参加工作、地位低下的年轻女子施以同事，或者看到漂亮的女人时不知不觉地庇护起来，并把所有工作都委派给她，这往往是一些男子自然而然做出的事。但是其他女性对这种事情非常敏感："XX 老师，喜欢那个女孩子，偏爱她了。"如果不想给造谣者机会，就应对全体女性一视同仁、平等对待，如果确有喜欢的女性，最好到外面去约会。

（4）对待年长的女教师。年轻的男教师如何与年长的女教师相处，可能是一件头痛的事。如果男性们工作上先做出了成绩，要注意态度真诚，不能显示自己了不起，这样，对方就会产生对你的好感。与她们打交道，要避开有关年龄、婚姻以及个人私事的话题，这是对他们的礼貌。

（5）不可不留意的绯闻。如果在学校里盛传着你与某位女同事过从甚密，你将如何对待？这个时候最好的方法就是置之不理。

男女关系其实是很敏感的。如果某一位男同事被认为和某一位女同事之间走得很近，其他的女同事就会自动地疏远他。但是，事实究竟如何只有当事人知道。周围的人往往喜欢捕风捉影，有一点风吹草动就四处张扬。

这一类传言大都是往坏处想，多少含有恶意。对周围的人而言，可是又妒又羡的。如果当事人因为这种事而觉得很难为情，拼命地向别人解释，那反而更引起别人的兴趣，使得整件事愈描愈黑。或许有些当事人很喜欢这一类的绯闻，自己也出面说得天花乱坠的，这样反而让别人妒火中烧，愈发恶意中伤。

对于这样的事，你最好是从头到尾都别理会。对方看你没有反应，自然会觉得很无聊，就不会一再地传下去。有时候别人只是猜测而已，你一发表意见反而给对方提供了话题。

与男同事相处

与男同事相处，则没有了女同胞们与生俱来的那份"敏感"提防。

与男同事相处时应做到：

（1）要虚心。同事之间互相帮助是理所当然的。遇到棘手的问题，虚心地向他人请教，不要觉得是自己能力差。在向他人请教问题的时候，通常他会把他在遇到类似问题及处理相关问题的小经验都告诉自己。

（2）自爱。男女同事在一个屋檐下工作，尤其当大家都是年轻人的时候，很可能会"打成一片"——如果只是友好而亲密的工作伙伴，很好。千万不要把这层关系混合上别的"成分"，否则，不是"尴尬"二字了得。

如果我们能把和异性同事的关系处理的妥当，相信我们和我们的学校一定是出色的。

6. 调整自己以减轻同事压力

美国一网站近日通过在全美国范围内的调查发现，超过一半的工作者称他们的压力很大，人们往往责备同事，有 *16%* 的人认为难以相处的同事是压力的首要来源。

虽然说有压力才有动力，但并非所有的压力都能转化成动力，同事关系已经成为职场中首要的困扰因素，而且很难化解。来自工作指标、截止期限和自我期待落差等方面的困惑都可能通过调整自我、打破常规、另辟新路来缓解压力，而江山易改，秉性难移，要包容同事之间个性和工作方式的差异则比较难。世界之所以生机勃勃、丰富多彩，主要来自于生物多样性，我们虽然无法改变风向，但可以调整风帆，仍然可以前行。如果我们和少数同事之间难以相处，完全可以接受这一正常的现实，只要不影响到学校和个人利益，求同存异，照样可以各走阳光道。反之，如果我们和大多数人都难以相处，应多向内看，调整自己。

7. 善于交往以减轻压力

经常听人说工作压力大、做事不顺心，细问之后可以听到这样的心里话："在单位我不善于人际交往……"其实，这种工作压力大的感觉与"不合群"有一定的关系。

工作中的合群性是与一个人从小是否过过集体生活、是否学过怎样与人沟通有关。不善于与人沟通的人往往从小就比较孤僻、家庭环境中沟通比较少、从未真正学会与人交往的艺术。这样的人到了工作岗位，就会把在家庭中缺乏沟通的状态带到工作中，总是希望别人主动接近自己，自己却不会主动与人交流，时间长了，同事觉得他"不爱说话"，也就逐渐放弃了与他的交往，这时他又会感到被排挤，感到孤独，心理压力就会增大。

现代社会的很多工作都需要同事之间配合，打团体战，不善于与人交往的人往往不善于与人合作，只能单打独斗，不能利用别人的资源，因此完成相同的工作，付出的努力和压力就要比其他的同事大得多。

不善于与人交往的教师往往有以自我为中心的特点。这并不是说他们愿意这样，有很多人也很渴望能像那些交际明星一样"会说话"，但是长期的封闭，使他们不了解别人的心理和情感，说起话来往往只能从自己的角度出发，这就使他们很难与别人建立真正良好的人际关系，而只能感到"我巴结别人还巴结不上"，并陷于尴尬的境地。

不善与人交往的教师在职场中经常会感到被伤害。其实别人可能没有故意伤害他，只是他自己不接纳自己，从而感到别人也不接纳他，时间长了，就没有人愿意和他交往，这也是让他感到有"压力"的原因之一。

那么，不善于人际交往的教师怎样做才能减轻压力呢？首先在人际交往面前不要逃避和退缩，要从生活中的点点滴滴学习人际交往的方法和技巧。其次，在交往中不要对自己有完美主义的要求，不要太在意别人的看法。当我们真正放松下来，就会发现，别人很喜欢跟我们交往，工作压力也会减轻。

8. 通过默契合作减轻同事压力

职场上的人多种多样，且非常复杂，仅在性格上的表现就千差万别，因此，在人际交往当中我们会碰到各种各样的人。从总体上来说，这些人可分为两种类型：一种是与自己合得来，一种是合不来的。而要是在其他场合，可以尽量避免与自己性格不合的人交往，但在学校里，就不能这样做了，如果与同事之间的关系处理不好，无形当中就增加了自己和他人的压力。

无论是一个怎样小的学校，都有它为维持经营而制订的目标。为了实现这个目标，学校里的每个老师都必须做好自己分内的工作。

如果学校里的全体成员不能默契合作而无法实现每年每月的目标，那这个学校也就不复存在了，更不会有发展了。而学校全体成员能否默契合作是由人际关系决定的。如果每个人都有这样的想法：因为和那个同事或领导不和……那么学校内部的人际关系就会很紧张，这样的学校在学校间的竞争中自然会失去竞争力而被淘汰。

性格合得来也好，合不来也好，喜欢也好，讨厌也罢，都必须齐心协力地工作，这是学校及组织生存的必需条件。所以说，在学校中做事，你要学得大度些，允许有不同性格的同事存在，并学会与不同性格的同事相处。这样，工作起来才能相互协调，心情愉快，也就达到了化解职场压力的效果。

那么，如何才能做到这一点呢？

承认同事之间存在差别

世界上没有完全相同的两片树叶，更何况是生活在不同环境，所受教育也不同的两个人呢？既然人与人之间的性格不同，那么在为人处世方面也有许多不一样的地方。在与同事相处的过程中，不要嫌弃别人，也不要这也看不惯，那也看不惯。要学会容忍同事之间性格上的差异所带来的矛盾冲突。

学会在不同之中，发现共同之处

性格不同的人，对待问题的看法以及处理方式也不同。你要学会求大同，存小异，多寻找别人和自己的共同点，这样就容易和不同性格的人相处了。

对其进行深入地了解

在相互交往中，我们可能有这样的体验：如果自己对一个人不了解，那和他在感情上就必然有距离。一个人性格的形成，往往跟他生活的时代，家庭的环境，所受的教育和经历、遭遇有关。所以，在考察一个人性格的时候，最好也要了解他性格形成的原因。这样，我们可能就会理解他、体谅他、帮助他。慢慢地，相互间就会增进了解，甚至还可能成为朋友。

多发现别人的长处，以取长补短

尺有所短，寸有所长。任何一个人都有其优点和长处，当然也有其缺点，世界上从来没有十全十美的人。因此，要允许别人的缺点存在，对任何同事都不要求全责备。谁要寻找没有缺点的朋友，那他就永远找不到朋友。并且在和自己不同性格的同事相处时，要以同事的长处来弥补自己的短处。

针对不同性格的同事，采用不同的策略

俗话说，一把钥匙开一把锁。因此，跟不同类型的同事打交道，也要采用不同的策略，即根据其自身的特点采用因人而异的交往方式进行沟通。

（1）与傲慢的同事相处。这种类型的人的特点是傲慢无礼、出言不逊，从不把一般人放在眼里；与这样的同事共事我们要尽量减少与他相处的时间，并尽量用简短清楚的句子表达自己的想法。另外，还可以抓住他的薄弱环节，因为再傲气的人也有他傲不起来的地方。

（2）与争强好胜的同事相处。这种类型的人的特点是狂妄自大，喜欢炫耀，甚至不惜贬低别人来抬高自己。为了不伤大家的和气，对于这种人要表示谦让，满足他的虚荣心，但一定要适可而止，因为有时他会把我们的容忍谦让当成一种软弱的表现，他会更加瞧不起我们或不尊重我们。因此对这种类型的人，要在适当的时机，挫其锐气，让他知道，做人不要不知天高地厚。

（3）与愤怒型的同事相处。遇上一个性情急躁的人，我们的头脑一定要冷静，对他的莽撞，完全可以采用宽容的态度，一笑了之。

（4）与城府深的同事相处。城府很深的人一般都工于心计，他们在和别人交往时，总是把真面目藏起来，希望多了解对方，从而能在交往中处于主动的地位，周旋在各种矛盾中而立于不败之地。和城府很深的人打交道，一定要有所防范，不要让他们掌握我们的全部秘密和底细，更不要为他们所利用，或陷在他们的圈套之中而不能自拔。

（5）与口蜜腹剑的同事相处。口蜜腹剑的人，又称"笑面虎"，碰到这样的同事，最好的应付方式是敬而远之，能避就避、能躲就躲，实在躲不开，就每天记下工作日记，日后好有一个说法。

（6）与刁钻刻薄的同事相处。这种类型的人的特点是和人发生争执时好揭人之短，且不留余地和情面。冷言冷语，挖人隐私，手段卑鄙，往往使对方丢尽了面子，在同事中抬不起头。碰到这样的同事，最好和他拉开距离，尽量不去招惹他，吃一点小亏，受一两句闲话，也装作没听见，不恼不怒，不自找没趣。

总之，在学校内部，各种各样类型的人都有。但是，如果因为性格不合就冷言冷语相待的话，那同事之间的关系永远不会好转，压力也永远不会得以化解。所以说，要大度些，允许不同性格的同事存在，并用"适度"友好的态度与同事相处。

9. 保持适当距离以减轻同事压力

在现实生活中，因为过于亲密而造成很深的伤害，在感情方面也造成很大压力的例子比较常见。比如说，夫妻之间因为过于了解而各奔东西。还有一些好得不得了的朋友，最终还是不欢而散。真是交往过深，有时伤害也最深。在与同事相处的过程当中，更要注意这一点。

巴索利斯与巴尔塔沙在同一家学校共事，由于两个人彼此志趣相投，没多久两人就成了密不可分的好朋友。彼此之间无话不谈，相处得极其融洽。但是，在巴索利斯由于工作突出，被提升为领导以后，两个人之间的关系却发生了戏剧性的变化。巴索利斯需要一个得力的助手，于是，他想到了巴尔塔沙。

他想方设法将巴尔塔沙提拔上去。他认为巴尔塔沙是他最好的朋友及同事，肯定会对他忠心耿耿，有谁比最好的朋友更值得信任呢？但令巴索利斯万万想不到的是，巴尔塔沙就在此时开始着手了他的计划，因为他渴望更高的地位，他渴望超过巴索利斯。

他先在其他同事之间散布巴索利斯的谣言，将巴索利斯以前告诉他的所有秘密公布于众。后来又挑拨巴索利斯与其他领导的关系。巴索利斯在学校的地位一日不如一日，最终，他带着一颗伤透的心离开了学校。

虽然后来真相大白，巴尔塔沙受到了应有的惩罚，被学校开除，但巴索利斯心中的伤痕却难以愈合。

世界上没有一成不变的事物，与同事相处，要想到他们可能会变成自己的朋友，但是也有可能会变成自己的敌人。因为同事之间有君子也有小人，如果遇到像巴尔塔沙那样的人，到头来受到伤害的只能是自己。

当今社会，竞争日益激烈，大多数人的关系是建立在一种共同的利益上的。我们帮了别人的忙，别人对我们心存感激，慢慢地，我们就成了很好的朋友。但是，为了避免自己受到伤害，在与同事交往时，一定要分清同事之间所建立的这种友谊是否别有企图。首先我们可以看看自己目前的状况，是否正在把握着一定的资源，如权势、地位等。如果是，那么这个人有可能是冲着这些而来的，想通过我们得到一些好处；如果我们无权无势，也没钱，我们根本没什么东西值得让别人相求，那么这突然升温的友情基本上没有危险，但也有可能是"项庄舞剑，意在沛公"，他想利用我们来帮他做些事，或是想通过我们的亲戚、朋友、家人等来替他办事。

当我们从自身的状况检查出这种突然升温的友谊有无危险之后，我们的态度仍然要有所保留，因为有时只是自己的一种主观认定，并不一定正确，所以自己还要采取以下一些措施：

不推不迎

"不推"是指不要回绝对方的"好意"，即使我们已经看出对方的企图，也不要立即回绝，或者当场揭穿，否则我们有可能当即得罪他人。但也不能迫不及待地迎上去，因为这会让自己无法脱身，脱了身又得罪了对方。这就好像男女谈恋爱，如果回应的太热烈，有时会让自己迷失方向，如果发现对方不中意时，突然斩断"情丝"，那一定会惹恼对方带来许多麻烦。

冷眼观潮

"冷眼"是指不动情，因为一动情就会影响你的判断。这时不如冷静地观看他到底想玩什么把戏，并且做好防御的准备，避免出现问题时措手不及。一般来说，对方若对自己有所图，就会在一段时间之后露出真面目。

礼尚往来

这是人际交往的一大基本原则，对这种友情，要"投之以桃，报之以李"。他请我们吃饭，我们送他礼物，他帮我们忙，我们也要有所回报。否则，他若真对我们有所图，那我们会"吃人嘴短，拿人手软"，被他狠狠地套牢。若想临事脱逃，恐怕没那么容易！

在此引用一个故事。一个飘雪的冬日，森林中有十几只刺猬冻得发抖。为了取暖，它们只好紧紧的靠在一起，却因为忍受不了彼此的长刺，很快就各自跑开了。可是天气实在太冷，它们又想要靠在一起取暖，然而靠在一起时的刺痛，又使它们不得不再度分开。就这样反反复复的分了又聚，聚了又分，不断在受冻与受刺两种痛苦之间挣扎。最后，刺猬们终于找出一个适中的距离，可以相互取暖而又不至于会被彼此刺伤。关于同事之间的关系，庄周早已说过，"君子之交淡如水，小人之交甘若醴"，距离产生美一样适用于职场，所谓关系"难相处"只是相对于自己想有多近罢了。

其实，与同事交往避免受到严重伤害的最好办法就是与其保持一定的距离。与同事相处，太远了显然不好，别人会误认为我们不合群、孤僻、性格高傲；太近了也不好，因为这样不但容易让其他同事及领导误解，认为我们是在拉帮结派，而且还有可能对自身或他人造成很深的伤害。所以，不即不离、不远不近的同事关系，才是最合适的和最理智的。

总而言之，与同事之间的交往，一定要把握分寸，保持一定的距离，并认清对方的真实意图，以免自己到头来受到不必要的伤害。

10. 尊重隐私可以减轻同事压力

同事从本意上来说就是共同做事。同事之间，在地位上是平等的，并且对于工作上的问题可以存在着不同的意见和看法，甚至可以直言不讳地进行讨论、争议和协商处理，因为一般学校内部都有一整套有关工作的组织制度在制约着大家。所以，同事之间通常不会因为工作问题上的争议而相互记恨，给人际关系造成过多压力。但是，仍有一些与工作有关或无关的琐事会影响同事之间的关系。

与同事相处，最好是对方想说时我们就听着，对方不愿告诉我们，就不要硬去问。每个人都有隐私权，如果一个人总是喜欢追问别人的不幸或隐私，往往就会变成令人讨厌的人。所以除非是涉及到工作上的问题并且我们打算承担全部的责任，否则，最好不要去挖别人的隐私，即使是朝夕相处的同事也不例外。因此，与人相处时，要学会尊重对方的隐私权。

有时，当一个人正处在痛苦之中时，旁人过度的关心反而会帮了倒忙，在这种情况下，通常他可能需要的是疗伤的时间和空间，也就是希望自己能够静静地呆一会儿。

在现实生活中，还有一种人爱管别人的闲事，这种人往往也是不受大家欢迎的，并且有时也会给自己带来不必要的压力，就像俗话所说："管闲事落不是。"所谓"管闲事"就是管了别人不需要别人管的事。爱管闲事的人多半是被盲目的"热情"所驱使，根本不知道该管什么，不该管什么。实际上，他们的"热情"常常是令人避之唯恐不及的。

斯坦思梅兹是美国一家大型企业的业务代表。在企业内部，他交际非常广泛，性格外向，为人热情开朗，可是口碑却不太好，因为他热衷于同事的感情之事，总是费尽心思地去为别人做调解。

斯坦思梅兹一听说同事中某人的感情陷入僵局或是亮起了红灯，往往不请自到，自愿到同事家里充当说客，弄得大家理他不是，不理他也不是，结局总是不欢而散。斯坦思梅兹为此也非常苦恼，这就叫"好心帮了倒忙"。

同事毕竟是同事，对于同事的事情，不该管的千万不要去管，否则只能是卖力不讨好，自己不但耗费了时间与精力，反倒落了个不是，斯坦思梅兹正因为没有意识到这一点才使自己陷入了压力之中。

11. 通过驾驭情绪减轻压力

人是一种具有感情和思维的高级动物，因此每个人都有情绪的波动，这也是人区别于其他动物的主要特征。但是，现实生活中，有人是控制情绪的高手，喜怒不形于色；有的人总是随着自己的性子来，说哭就哭、说笑就笑、说发脾气就发脾气。

那么，这种随意宣泄情绪的表现到底好不好呢？有人认为这是一种"率直"的性格，是一种很可爱的人性特征。这么说也有一定的道理。但是随意宣泄情绪的人往往凭性情做事，这样说话办事容易得罪人。特别是与同事相处时，同事不可能像我们生活中的朋友那样关心、包容和理解我们，这就很容易导致同事关系处理不好，与此同时我们也会对同事心存芥蒂，压力便由此产生。

同时，如果不能控制自己的情绪，时间久了，就会养成一种放纵自己情绪的习惯，比如在单位遇到问题就顺着性子去做，有时候我们看似真的解决了当前的问题，但也许得罪了很多同事，即使他们当时不说，心里其实很不舒服。这样长此下去，对自己的事业和人际关系就会破坏多，建设少，甚至还有可能带来毁灭性的灾难。尤其是自己一旦给人以"不能控制情绪"的印象时，那真的是难以翻身了。所以，那些落魄的人、自我毁灭的人，多半都是一种性情之人。

愤怒同其他所有情绪一样，其实也是一个人思维活动的结果，它并不是无缘无故地产生的。当我们遇到不如意之事时，就认为事情不应该是这样的，这时我们开始感到灰心，而后，便是一些冲动的相伴动作，这总是很危险的，对于我们的为人处世来说，并没有什么好处可言。

虽然我们不能防止愤怒感觉的来临，但我们却能阻止它们爆发出来。韦思·戴埃在《你的误区》一书中说道："你应对自己的情感负责。情感是随思想而产生的，那么，我们只要愿意，便可以改变自己对任何事物的看法。首先，应该想想：精神不快、情绪低沉或愤怒到底有什么好处？而后，你可以认真分析导致这些情感的各种思想。"

由此可见，一个人的不良情绪是可以用理智来控制住的，关键看自己有没有这个信心。在学校内部，与同事交往，控制情绪是非常重要的，我们当然不必"喜怒不形于色"，让同事们觉得我们不可捉摸。但情绪的表现绝对不可以过度，特别是发怒与生气。如果我们是个不易控制不良情绪的人，那么，不如在你想发怒或生气时，暂时离开惹自己发怒或生气的地方。如果没法离开，那就深呼吸，不要说话，等心情渐渐平静下来再作解释，这对我们控制情绪来说，非常有效。

此外，与同事相处时，还要学会耐心。因为当一个人失去耐心时，同样也失去了理智分析事物的头脑。一个人不耐烦时，往往会变得粗鲁无礼、固执己见，使人感觉难以相处。

那怎样才能使自己变得有耐心，并在烦恼的情况下也能心平气和地对情绪有所控制呢？

有人说："当我感到思绪纷乱的时候，我就努力想象小河岸边那宁静的风景胜地，它常使我的紧张和烦躁情绪消退许多。"我们如果感到十分烦躁，也可以运用自己的想象力，努力使自己深深地潜入一个宁静的身心环境，进入一个稳定、美妙的境地。

如果我们的急躁情绪仅属偶然，那我们的烦恼便会自动消失。而如果我们总是怒火中烧、粗鲁无礼，那就应该认识到我们对自己看得过重了，以至于对任何人或任何事都表现出不耐烦。

12. 用宽宏大量以减轻同事压力

学会适当地妥协

"你希望别人怎样对待你，你就应该怎样地对待别人。"这句话被许多人视为工作中待人接物的"黄金准则"。所以说，要想得到同事的信赖和好感，就必须向同事投以友善和热情。

事实上，我们每天白天有一大半的时间都是跟同事在一起，而我们能否从工作中获得快乐和满足，与我们朝朝暮暮相处的同事有很大关系。当我们在学校时，没有人理、没有人愿意主动跟我们讲话，也没有人向我们倾吐谈心时，是否会感觉到工作的无聊或因人际关系所带来的压力呢？

一个人要想在工作中面面俱到，谁也不得罪，谁都说好，那是永远都做不到的。因此，在工作中与其他同事产生种种冲突和不同意见是很常见的事。同事之间经常在一起共事，难免会有一些鸡毛蒜皮的小矛盾发生，各人的性格优点和缺点也会暴露得比较明显突出，特别是每个人行为上的缺点和性格上的弱点暴露得多了就会引发各种各样的瓜葛、冲突。这种瓜葛和冲突有些表现在明处，有些表现在暗处；有些是公开的，有些是隐蔽的。这样种种不愉快交结一起，从而增加我们在工作中的压力，当我们无法承受这些压力时，就有可能精神崩溃。

人与人之间，除非有不共戴天之仇，否则就没有不可化解的矛盾，更何况在工作中同事的关系一般不至于达到那种地步。中国有句老话，叫做冤家宜结不宜解，同在一家学校谋生，整日低头不见抬头见，最好还是少结冤家比较有利。因此，与同事相处时，就需要做些适当地妥协与退让，尽量避免矛盾与冲突的发生。

某学校财务科杰拉尔德一时粗心，错误地给请过几天病假的斯奈伦伯格发了整月的工资。在他发现之后，匆匆找到斯奈伦伯格，向他说明并让他悄悄地退回多发的薪金。但是却遭到了对方断然的拒绝，斯奈伦伯格则只允许分期扣回他多领的薪水。

双方争执不下，气愤之余的杰拉尔德平静地对斯奈伦伯格说："好吧，既然这样，我只能告诉领导了，我知道这样做一定会使领导大为不满，但这一切都是我的错，我只有在领导面前坦白承认。"就在斯奈伦伯格还没反应过来的时候，杰拉尔德已大步走进了领导的办公室，把前因后果都告诉了他，并请领导原谅和处罚，但是他没有说出斯奈伦伯格的名字。

领导听后非常生气地说这应该是人事部门的原因，但杰拉尔德重复地说这是自己的错误，与别人没有任何原因。领导于是又大声指责会计部门，杰拉尔德又解释说不怪别人，实在是自己的错。接着领导又责怪起与杰拉尔德同办公室的两个同事，但杰拉尔德还是固执地一再说是自己的错，并请求处罚。

最后领导看着他说："好吧，这是你的错，那位错领全薪的教师也太差劲了，对了，他叫什么名字，让我找他谈一谈。"

杰拉尔德说道："这并不怪他，主要怪我，理应我承担全部的责任。"说完，他掏出自己的薪水从中抽出一部分补上了多发给斯奈伦伯格的那一部分。

斯奈伦伯格得知事实的真相以后，内心感到有些愧疚，没多久，就将多发给自己的那一部分给了杰拉尔德，并与杰拉尔德成了很要好的朋友。

虽然错误主要出在杰拉尔德身上，但是斯奈伦伯格也有一定的责任。试想一下，如果杰拉尔德没有做适当的退让，也不承担全部的责任，而将斯奈伦伯格交与领导处理，那他们之间的关系肯定会恶化到仇人的地步。

可见，适当的妥协、容忍与退让有利于我们协调人际关系，化解压力，发展事业。因此，在与同事相处的过程中，我们应该学会适当地妥协。

13. 调整好"期望值"以化解矛盾

同事之间存在着各种各样的隔阂是正常的，而化解同事给我们带来的压力的重要方法之一，就是不要对其有过高的期望值。同事毕竟是同事，永远不会像朋友那样与我们亲密无间，如果我们对其有过高的期望值，到头来受伤害的只能是自己。

所谓"期望值"就是指人们希望自己所想或所做的事情达到成功的一种比值。人们在现实社会当中，希望凡事都能尽如人意，但客观事实又往往不遂人愿。并且同事之间也是这样，往往是期望越高，失望也越大，徒增压力而已。

格儿自从参加工作以来频繁地换工作，这回格儿特意选择了一家规模大而且多元化的学校，格儿来这儿工作还不到四个月就与人发生了争吵，而往后的日子里，这种类型的争吵也经常发生在她身上。她的同事莎莉，对某项工作计划有些意见，而格儿又不同意她的看法。"我告诉她我觉得这很荒谬，我让她接受我的建议她不听"，格儿得意地说道，同时又补充了一句，"那个胖女人连皮毛都不懂，却自以为什么都知道。"莎莉得知后很生气。从那个时候开始，她们之间就经常发生摩擦。"谁在乎啊？"事隔几个星期以后格儿说，"如果领导够聪明的话，就该早点让她走路。"

这种微妙而又长期性的冲突，不仅发生在格儿与莎莉之间，同时也开始出现在格儿与其他同事的关系上。几个月后，格儿又因与同事之间的矛盾而离开了这家学校。

格儿一次又一次更换工作的主要原因就在于她对同事及学校的期望值太高。所以说，在与同事的交往中，一定要调整好自己的期望值，适时地采取相应变通的措施，这样才能避免或减少失败，事变我变，人变我变，即不把希望只盯在某一点上。因此，当成功的可能性变小时，就后退一步，或改弦易辙；而当成功的可能性变大时，就全力以赴，奋勇拼搏。

对自己有个正确的认识

在商战中，讲究"知己知彼，百战不殆"，并且在与他人的交往中，这句话也同样适用。如果你连自己都不了解自己，更何况他人？这样与同事交往又让他们怎样了解自己呢？自己又怎样与他们友好地相处呢？彼此之间雾里看花，产生压力也就在所难免了。

对所想所做的事要有个认真、全面分析

例如，我们想请同事帮个忙，但是同事到底愿不愿意帮忙或他有没有这个能力呢？自己没有去认真分析，结果同事在万不得已的情况下答应了。最后事情没办好，又耽误了同事的时间。你还因此而非常生气，心想，即使没有那个能力，为什么还要答应我呢？在

105

这种情况下，我们所犯的错误就是对同事的"期望值"太高，而没有冷静地去分析其中对自己的不利因素，最终导致自己和同事之间的关系恶化。

在请同事帮忙前要有两种准备

与同事相处，特别是在请求同事办事时，都有成功与不成功的两种可能。对事情只想到成功，而不想到失败是不客观、不现实的态度。干练成熟的人，做任何事之前都有两手准备。所以，他们求人办事时常常胸有成竹，不因事情顺利而沾沾自喜，忘乎所以；也不因事情受挫而悲观失望，牢骚满腹。

事先不妨将不利因素估计得严重一点

俗话说："先难后易。"即在做任何事时宁可在事前将不利因素估计得充分一点，也不肯到事后找麻烦。因为事前尚有应变回旋的余地，而事后却是"生米煮成熟饭"，要想挽救也就来不及了。

然而，现实生活中，人们往往对有利因素估计过多，而对不利因素估计不足，故而造成"后悔晚已"的状况。这是因为，人们对事情成功的"期望值"偏高，结果反而遮掩了人们的视线，使他们看问题片面、静止、主观、感情冲动而又缺乏冷静客观的分析，于是做出了错误的或不明智的选择。

第四章

减轻经济压力的方法

1. 经济的压力有多大

如果一个人的生活一直处于拮据之中，无论怎样节俭，仍然难以维持正常的开支，或者家里突然出现一个需要花去很多医疗费的重病人，这种入不敷出的景况将会带来巨大的压力，常常把人推到无法承受的边缘。许多悲剧也因此而发生。

经济压力并不是在前面等着我们去对抗的一个十分抢眼的目标，这需要你根据自己的背景和教养去觉察或者去认知它的存在，并根据不同情况攻克它。

2. 培养积极的心态减轻经济压力

如果人生交给我们一个问题，它也会同时交给我们处理这个问题的能力。人生绝不会使我们陷入窘境。每当我们受到激励去发挥我们的能力时，我们的能力就会有所变化。即使我们处于一种极不良的健康状态中，我们仍然能过着对社会有用的幸福生活。

许多人认为不健康是一个不能克服的巨大障碍。如果确实是这样的话，可以从米罗·琼斯的经历中获得勇气。

琼斯是农民时他身体很健康，工作十分努力，在美国威斯康星州福特·亚特金逊附近经营一个小农场。但他好像不能使他的农场生产出比他的家庭所需要的多得多的产品。这样的生活年复一年地过着，突然间发生了一件事——琼斯患了全身麻痹症，卧床不起，失去了劳动能力。同时，也为家里带来了一定的经济负担，家里因此失去了一个好的劳动力。

但是琼斯虽然身体是麻痹了，他的心理并未受到影响他的心态依旧很积极，就在这个全家经济拮据在的时候，做出了一个决定。

他把他的计划讲给家人听。

"我再不能用我的手劳动了，"他说，"所以我决定用我的心理从事劳动。如果你们愿意的话，你们每个人都可以代替我的手、足和身体。让我们把我们农场每一亩可耕地都种上玉米。然后我们就养猪，用所收的玉米喂猪。当我们的猪还幼小肉嫩时，我们就把它宰掉，做成香肠，然后把香肠包装起来，用一种牌号出售。我们可以在全国各地的零售店出售这种香肠。"他低声轻笑，接着说道：

"这种香肠将像热糕点一样出售。"

这种香肠确实像热糕点一样出售了！几年后，牌名"琼斯仔猪香肠"竟成了家庭的日常用语，成了最能引起人们胃口的一种食品。

琼斯活着看到他自己成了百万富翁。他通过积极的心态，战胜了贫困的压力，还取得了更大的成就，证明了贫穷并不可怕，只要积极肯干，再大的压力都难不倒。

3. 诚实的态度能够获取经济积累

《对青年商人的忠告》一书是富兰克林在 1748 年写的，书中谈到了"借用他人资金"的问题：金钱有生产和再生产的性质。金钱可以产生金钱，而它的产物又能生产更多的金钱。

每年积累 6 镑，就每天而言，不过是一个微小的数额。就这个微小的数额说来，它每天都可以在不知不觉的花费中被浪费掉。一个有信用的人可以自行担保，把它不断地积累到 100 镑，并真正当作 100 镑使用。

富兰克林的这个忠告在今天具有同样的价值。我们可以按照他的忠告，从几分钱开始，不断地积累到 500 元，甚至积累到几百万元。希尔顿就做到了这一点，他是一个讲信用的人。

希尔顿旅行公司过去靠数百万美元的信贷，在一些大机场附近为旅客建造了一些设有停车场的豪华旅社。这个公司的担保物主要是希尔顿经营诚实的名声。

诚实是一种美德，人们从来也未能找到令人满意的词来代替它。诚实比其他品质更能深刻地表达人的心。诚实或不诚实，会自然而然地体现在一个人的言行甚至脸上，以致最漫不经心的观察者也能立即感觉到。不诚实的人，在他说话的每个语调中，在他面部的表情上，在他谈话的性质和倾向中，或者在他待人接物中，都可显露出他的弱点。

4．以聪明的心智化解经济压力

一个明智的人绝不会低估他所借到的一元钱或者他所得到的一位专家的忠告的价值。正是使用他人资金和一项成功的计划，再加上灵活的头脑，导致了一个叫做查理赛姆斯的美国孩子变成了巨富。

得克萨斯州东北部达拉斯城的查理赛姆斯是一位百万富翁。然而在他 19 岁时，除了找到自己的工作和省下了一点钱以外，并不比大多数十几岁的孩子更富裕。

查理赛姆斯每星期六都定期到一家银行去存款，他的品德理财能力受到了银行一位职员的常识。

所以当查理决定自行经营棉花买卖的时候，这位银行家就给他贷款。这是查理赛姆斯第一次使用银行贷款。

这个年轻人成了棉花经纪人，大约过了半年以后，他又成了骡马商人。

查理当了骡马商人几年之后，有两个人来找他，请他去为他们工作。这两个人是保险推销员，自己开办了一家保险公司。他们虽然是出色的推销员，但却是蹩脚的商业管理员，因此，他们的保险公司总是赔钱。

人们常常认为要想在商业中取得成功，只有依靠销售。这是一个荒唐的见解，拙劣的经营管理赔钱的速度比赚钱的速度更快。他们的苦恼就是他们俩人中没有一个是优秀的管理人员。

他们得知查理善于理财，便邀请查理去做管理。他们说："查理，你有良好的经营知识，我们需要你。我们合到一起就能成功。"

查理加入公司后，就让当年这个公司的营业额几乎达到 40 万美元，聪明的查理并没有安于现状，几年以后，他购买了这家保险公司的全部股票，经济实力逐渐强大起来。

查理从一个穷孩变成一个百万富翁，靠的就是自己聪明的头脑。

5. 不要轻易向银行或他人借款

借银行的钱赚钱，这是商人求之不得的。对于那些依靠贷款的人来说，要记住：借债容易还债难。不能不顾条件地去借贷，同时还应注意借贷的周期，否则将会陷入借贷的危机之中。

1928 年上半年，斯通还是一位年轻的推销员，他去访问芝加哥大陆伊利诺斯国民银行和信托公司的一位职员。当时这位银行家正在同一位顾客谈话，斯通便在一旁等着。这时他从侧面听到银行家说："市场不能保持永远上升，我正在出售我的股票。"（这就是说这位银行家预测到经济萧条时期将要到来，所以采取了行动。）

美国有些最聪敏的投资者，今年还拥有财富，到了来年股票市场急剧下跌的时候，便丧失了财富，因为他缺乏周期的知识，或者他们虽有周期的知识，却未能像那位银行家那样，立即行动起来。

那时，各行各业，包括从事农业的人，由于他们的财富是通过银行的信贷而获得的，所以都失去了自己的财富。当他们有担保品的价值上升时，他们就借更多的钱，买更多的担保品、耕地或别的资产。而当他们的担保品的市场价值下跌、银行家被迫向他们收回贷款时，他们就无力偿还信贷，以致破产。在 1970 年的上半年，数以千计的人再度失去他们的财富，因为他们未能及时出售他们的部分担保品，还清他们的信贷，或者因为他们没有自行限制，还在购进新的担保品，上新债。当我们借用他人资金时，我们一定要计划好怎样才能向借款给我们的个人或机构还清贷款，周期是定期循环的，否则会丧失财富。重要的是，如果已丧失了部分财富或全部财富，仍要记住，周期是循环的。要毫不犹豫地在适当的时候重新奋起。今天许多富人也是曾经丧失过财富的人。但是，由于他们没有丧失积极的心态，他们有勇气从自己的教训中获得教益，结果，他们终于获得了更大的财富。

6. 找到打开财富的钥匙

借用他人资金是那些原来贫穷的诚实人致富的手段。资金或信贷是打开商业成功之门上的暗码锁的一个重要暗码。在商业中，有几个数字在打开成功之门的暗码锁中是非常重要的，如果我们失去了其中一个或几个数字，就不能打开这把锁了。直到重新找到它们为止。

有一位年薪在*3万5千美元*以上的年轻销售经理写道:"我有一种感触,这种感触是人人都会有的,那就是,一个人会觉得自己站在一只钱柜的前面,除去一个暗码之外,他拥有打开这把锁的所有其他暗码。只是一个数字!如果他有了这个数字,他就能打开这个钱柜的门。"

那些人都有丰富投资的经验,他们成功的投资公式是:

(1)巩固自己所有的业务。

(2)把自己的全部努力集中于一个有限公司。

(3)这个公司要在五年期间,按四分之一分期付款偿清贷款。

(4)按贷款的现行利率付息。

(5)把公司25%的股票作为鼓励投资的奖金。

拉汶成功暗码的数字是:

(1)一种产品或服务,它能重复生产、出售或提供。

(2)一个企业,能靠独家生产的优良产品获取利润。

(3)一个优秀的经验丰富的生产经理,他经营工厂能取得最大的效率。

(4)一个成功而有经验的营业经理,他能不断地增加销售额,坚持运用成功的销售公式同时寻求更好的销售方法。

(5)一位具有积极心态的优秀管理人员。

(6)一位熟练的会计,他懂得成本计算和所得税法。

(7)一位优秀的律师,既有判断力,又有积极的心态,能把事情办好。

(8)足够的工作资本或信贷,以便在适当的时候,能开创并发展业务。

现在，如果我们能像拉汶和爱丽丝一样，找到失去了的暗码数字，我们就为我们自己打开了通向财富的大门。

7. 计划开支以减轻经济压力

每个家庭都要花钱，但并不是每个家庭都会花钱。古人说，天下国家，本同一理。国家年年有财政经济上的预算决算，家庭虽小，却也月月有收入，天天有支出，要搞好家政管理，每个家庭也很有必要搞家庭计划开支。做到花钱心中有数，把钱用得恰到好处，实行家庭计划开支法的具体要求是：

明确计划开支项目

恩格斯曾经把消费资料分为生存资料、发展资料和享受资料三大类。根据恩格斯的分类，我们可以把家庭生活中的各项开支大体分为四类：

（1）生存费用，指用于维持和延续人的生命的基本生活费用。如吃、穿、用、住、行的费用。其中还包括赡养老人的费用。

（2）发展费用，即为了使人们的智力，体力获得全面发展，在教育、体育、智力开发等方面的费用。如书刊、报纸、文具、体育用品、各种上学经费等。

（3）享受费用，通常指家庭的高级消费。如旅游、美容化妆、参加文化娱乐活动等。

（4）其他费用，即用于非上述三类开支的一切费用。如用于亲友、同事、熟人交往的费用，办理某项法律手续的公证费，违反交通规章交纳的罚金等等未及预料的突发性费用。

确定计划开支原则

一般家庭开支的原则为三条：一是要保证费用开支的合理原则。

正常的家庭消费结构应当是，先保证生存费用，然后要千方百计地保证发展费用的开支，同时要划一部分钱应付其他急用。有余力时再考虑享受费用的开支。如果把这个顺序搞颠倒了，就会造成家庭经济的混乱；二是应当坚持"量入为出"、"先算后用"的原则。这就是说，用钱要根据经济收入的多寡，事先推算好怎样最经济、最合理地使用这笔钱。防止出现入不敷出，寅吃卯粮的窘况；三是要采用合作协商的原则的家庭的消费开支，购买物品，尤其是一些大项开支，一定要家庭成员共同研究。这样既有利于把开支安排地更加合理，又有利于实行家庭民主管理，也有利于增进家庭成员之间的感情。

建立一本家庭财务账

要保证家庭实行计划开支，必须建立一本家庭财务开支账。对小家庭的所有支出有一个比较清楚准确的记录。就依靠工资生活的家庭来说，家庭开支的预算和决算通常是以一个月作为周期的。因为一个月发一次工资，账目结算亦可一个月结算一次。开支账目尽可能记得详细些，一定要注明各项开支的用途，不能怕麻烦。每月底来一次合计，算出当月的总支出和剩余。一季度或半年作一次小结，年终作一次全年总结。这样做，仅可以促进家庭开支和消费的合理化，又可以提高家庭成员的理财能力。这种两全其美的好事，何乐而不为呢?!

8. 远离自私以减轻压力

自私是一种较为普遍的病态心理现象。"自私"指的是只顾自己的利益，不顾他人、集体、国家和社会的和益。常有自私自利、损人利己、损公肥私等说法。自私有程度上的不同，轻微一点是计较个人得失、有私心杂念，不讲公德；严重的则表现为为达到个人目的，侵吞公款，诬陷他人，杀人越货，铤而走险。

自私之心是万恶之源，贪婪、嫉妒、报复、吝啬、虚荣等病态社会心理从根本上讲都是自私的表现。

自私是一种近似本能的欲望，处于一个人的心灵深处。人有许多需求，如生理的需求、物质的需求、精神的需求、社会的需求等。需求是人的行为的原始推动力，人的许多行为就是为了满足需求。

但是，需求要受到社会规范、道德伦理、法律法令的制约，不顾社会历史条件的要求，一味想满足自己的各种私欲的人就是具有自私心理的人。自私之心隐藏在个人的需求结构之中，是深层次的心理活动。

正因为自私心理潜藏较深，它的存在与表现便常常不为个人所意识到。有自私行为的人并非已经意识到他在干一种自私的事，相反他在侵占别人利益时往往心安理得。也正因为如此，我们才将自私称为病态社会心理。

自私心理的病因可从客观与主观两个方面来分析。从客观方面看，由于各种复杂的原因，目前我国各项资源的数量、种类、方式在占有和配置方面都存在许多不平衡不合理之处，对资源的权力，行业、部门垄断还比较严重。于是，缺乏资源的一方不得不用非正当的方式去交换。由此，一方面以权谋私，另一方面以钱谋私，搞权钱交易、权色交易，相互交换。

从主观方面看，个人的需求若是脱离社会规范的不合理的需求，人就可能倾向于自私。自私自利的人往往是自我敏感性极高，以自我为中心，对社会对他人极度依赖与索取，而不具备社会价值取向

（对他人与社会缺乏责任感）的人。

凡自私的人，都有这样的病态社会心理，即"公家的事小，自己的事大"、"有权不用，过期作废"、"利人者是傻子，利己者是聪明人"、"不吃白不吃，吃了也白吃，白吃谁不吃"，这些心态逐渐变成了一种流行的畸形心态。

由于社会制约机制尚不健全，某些自私自利的人确实从中捞到了某些好处，更使得自私之风盛行不衰。然而，自私导致腐败，导致极端的个人主义，导致社会丑恶现象的出现，它使得社会风气败坏，是违法违纪的根源。

自私作为一种病态社会心理，应充分发挥个人的主观能动性予以克服。自私心理的自我调适有如下方法：

内省法

这是构造心理学派主张的方法，是指通过内省，即用自我观察的陈述方法来研究自身的心理现象。自私常常是一种下意识的心理倾向，要克服自私心理，就要经常对自己的心态与行为进行自我观察。

观察时要有一定的客观标准，即社会公德与社会规范。而要反省自己的过错，就必须加强学习，更新观念，强化社会价值取向，向毫不利己、专门利人的模范学习，对照榜样与楷模找差距，并从自己自私行为的不良后果中看危害找问题，总结改正错误的方法。

多做好事

一个想要改正自私心态的人，不妨多做些利于他人的事。例如关心和帮助他人，给希望工程捐款，为他人排忧解难等。私心很重的人，可以从让座、借东西给他人这些小事情做起，多做好事，可在行为中纠正过去那些不正常的心态，从他人的赞许中得到乐趣，

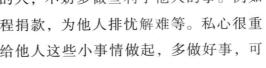

使自己的灵魂得到净化。

9. 祛除贪婪心理以减轻压力

贪婪指贪得无厌，即对与自己的力量不相称的某一过分的欲求。它是一种病态心理，与正常的欲望相比，贪婪没有满足的时候，反而是愈满足，胃口就越大。

贪婪心理

客观原因：中国古代就有"马无夜草不肥，人无横财不富"、"饿死胆小的，撑死胆大的"的说法，反映了不劳而获的投机心理。它宣扬的不是勤劳致富而是谋取不义之财。受这种观念的影响，社会上确有一些不务正业、靠贪污、行骗过活的不法分子。贪婪心理有如下特征：

（1）错误的价值观念。认为社会是为自己而存在，天下之物皆为自己拥有。这种人存在极端的个人主义，是永远不会满足的。得陇望蜀，有了票子，想房子；有了房子，想位子；有了位子，想女子；有了女子，想儿子。即便"五子登科"，也不会满足。

（2）行为的强化作用。有贪婪之心的人，初次伸出黑手时，多有惧怕心理，一怕引起公愤，二怕被捉。一旦得手，便喜上心头，屡屡尝到甜头后，胆子就越来越大。每一次侥幸过关对他都是一种条件刺激，不断强化着那颗贪婪的心。

（3）攀比心理。有些人原本也是清白之人，但是看到原来与自己境况差不多的同事、同学、战友、邻居、朋友、亲戚、下属、小辈甚至原来那些与自己相比各种条件差得远的人都发了财，心理就不平衡了，觉得自己活得太冤枉。由此生发一股贪婪之念，也学着伸出了贪婪的双手。

（4）补偿心理。有些人原来家境贫寒，或者生活中有一段坎坷的经历，便觉得社会对自己不公平。一旦其地位身份上升，就会利用手中的权力向社会索取不义之财，以补偿以往的不足。

贪婪是一种过分的欲望。贪婪者往往超越社会发展水平，践踏社会规范，疯狂地向社会及他人攫取财物，给社会带来了极大的危害。

贪婪并非遗传所致，是个人在后天社会环境中受病态文化的影响，形成自私、攫取、不满足的价值观而出现的不正常的行为表现。若欲改正，是可以自我调适的。

贪婪心理自我调适

（1）格言自警法。古往今来，仁人贤士对贪婪之人是非常鄙视的。他们撰文作诗，鞭挞或讽刺那些向国家和人民索取财物的不义行为。想消除贪婪心理的人，应牢记那些诗文和名言格言，朝夕自警。

（2）自我反思法。即自己在纸上连续20次用笔回答"我喜欢……"这个问题。回答时应不假思索，限时20秒钟，待全部写下后，再逐一分析哪些是合理的欲望。哪些是超出能力的过分的欲望，这样就可明确贪婪的对象与范围，最后对造成贪婪心理的原因与危害，自己作较深层的分析。分析自己贪婪的原因是有攀比、补偿、侥幸的心理呢，还是缺乏正确的人生观、价值观。分析清楚后，便下定决心：要堂堂正正做人，改掉贪婪的恶习。

（3）知足常乐法。一个人对生活的期望不能过高。虽然谁都会有些需求与欲望，但这要与本人的能力及社会条件相符合。每个人的生活有欢乐，也有失缺，不能搞攀比。

心理调适的最好办法就是做到知足常乐，"知足"便不会有非分之想，"常乐"也就能保持心理平衡了。

10. 吝啬并不能减轻经济压力

吝啬，俗称小气，一毛不拔，是一种不正常的心态和行为，是有能力资助或帮助他人却不肯付诸于行动的行为。

吝啬的人都非常计较个人的得失，遇事总怕自己吃亏。他可以大慷公家之慨，对个人利益却丝毫不能让步，总是高估人家低估自己，永不知足，因而也具有贪婪之心。

吝啬的人非常看重自己的财富与利益，为了既得利益，可以六亲不认，对别人的苦楚显得冷漠无情，毫无怜悯之心，甚至落井下石。

吝啬的人很少参与社会活动，也不关心周围的事物，他们不愿帮助别人，因此很少有知心朋友，有了困难也就很难得到他人的帮助。

吝啬心理的形成，与环境、人格成长不良有关系。从外界因素来看，由于种种原因，人们的收入与财富具有一定的悬殊性，贫富关系因社会竞争与变化常常发生变化。今天你可能很富有，明天你也许就不那么有钱了。

社会财富占有的不确定，使得一些人产生对现实的焦虑心理。于是，建立起一个强度很大的心理防御机制。

社会存在一些欺诈行为促使吝啬的人对他人抱有强烈的戒备心，他们对少数人的不法行为极为不满，并推及到全社会。认为人人都是欺诈之徒，不必对他人抱同情心，不要自找麻烦。

如果社会风气好，利他观念深入人心，为社会慈善事业、希望工程、灾民捐资捐款，人人都善待老人、儿童—具有同情之心，那么，社会的吝啬心理就会少得多。如果社会分配不公、尔虞我诈，人人自私自利、斤斤计较，那么出现病态的吝啬心理是必然的。

从主观方面看：吝啬是一种消极的自我防御体制。有些人将现实生活风险估计过高，对自己的能力与实力估计过低。为了应付焦虑，就建立起自我防御机制。冷漠、吝啬、无责任感就是这种机制的表现。

吝啬是个体早期人际关系的产物。吝啬的人从小很少甚至从未从父母那里得到爱与关怀，他们也就不懂得如何去爱别人。他们很少与父母有情感上的交流，因此对他人的艰难处境不会引起心理共鸣。他们看到需要资助或帮助的人，往往这样想：这不关我的事，心安理得地把责任推给别人。

我们应当尽快消除吝啬心理。不妨做以下自我尝试：

领悟法

即从精神上思考、领悟吝啬的错误。人活在世上，需要金钱，但更需要亲情与友谊。小气冷漠，只会割断亲情，使自己成为孤家寡人；赡养老人养育子女是公民应尽的义务。过去曾受到的不公正的待遇，不必萦怀心头，而要理智地看待。关心与帮助历来是相通的，每个人都有需要别人帮助的时候，今天帮人一把，日后自己有难处，也一定会得到他人的关心。

宗教法

几乎所有的宗教都提倡扬善除恶。例如佛教就告诫人们多积阴德，来世有报；恶有恶报，善有善报；多做好事，多资助困难的人。宗教是一种信仰，具有助人的暗示作用，能消除人的吝啬心理。

11. 正确消费以缓解经济压力

人们通常会有这种误解，认为挣钱越多越幸福，压力也就越小，可研究却发现并非如此。钱多了，所带来的不过是一时的欣喜和新添的几样东西，人们在调节生活方式的同时却不能提高幸福感和减少压力。你所要做的不过就是明智消费：少买一些自己不需要的东西，不欠债，花钱买一些能让自己真正开心、减少压力的东西，还有就是眼光要放长远。与其钱多地花不了用来买玩具，还不如节省一点，这样不但自己感觉充裕，还有人身自由。假如你想提升幸福感、为自己减压，不妨参考下面几条建议：

减少债务

假如你因为负债而感觉有压力，那不妨削减一下日常开销（像是早晨的一杯拿铁，外出就餐和不需要的新衣服等），还清信用卡的欠款。总有一天你会意识到，有些东西比这些额外之物要珍贵得多：经济上的自由和内心的平静。

明智消费

从现在开始，每买一样东西之前，你都应该考虑一下这对提高生活质量是否有帮助，会不会给你带来压力（因为缺钱用）或者将你的生活弄得一团糟。记住，花销少压力就小。

用钱来做一些自己想做的事情

从预算中去掉额外之物后，要是没有债务，不妨考虑一下请人来做那些自己不愿意做且又浪费时间的事情。比如说，你可以请人帮你打扫房间，自己带着孩子去公园；你可以请个助手来减轻自己的工作量，剩下的时间就可以自由支配了；你也可以请人帮你整理房子，多多享受一下家的温馨。

旧物品换取新体验

假如东西太多，你可以考虑把旧货拿到跳蚤市场或者网上出售，将得来的钱用于充电，或和家人一起度假，或者其他一些能够减轻疲劳、丰富生活以及留下美好回忆的活动。

商业社区少光顾

预算少了，那些遭遇经济压力的人往往会从自己身上节省开支，通过削减医疗费来满足日常所需。小问题一不留神就会变成大麻烦，这样只会带来更多的压力。

减少失眠

重压之下，睡眠问题在所难免。一旦睡眠不足，免疫机能下降、认知能力减弱、情绪低落等问题就会接踵而来。信用卡欠款所引发的不良情绪，会给健康带来不利影响。随着债务的增加和利息的累积，人们会产生忧虑、挫败以及无望的感觉。因此造成的额外压力，再加上解决不当以及自我忽略的消极思想，只会让人不堪重负。

清偿债务

制订一个计划，信用卡债务清偿就会变得容易许多。

学会省钱和缩减开支，手头宽裕了，消费计划的制订和债务的偿还就会变得容易许多。随着自身经济状况的改善，你可以通过一些减压技巧和生活方式上的改变来为自己减负。参考上面的意见，改变一下自己的生活方式，这一切将一去不复返。

12. 化解经济压力的措施

面对现代快速生活和环境污染带来的身体"亚健康"、疾病低龄

123

化事实，面对沉重的医疗费用开支压力，面对社会医疗保险"保而难饱"的局面，作为一个普通教师，该如何通过自己的智慧，寻求更加安全、有效的手段，以对抗和化解这部分经济压力呢？

加强健身等健康投资意识、安排合适的商业保险，以及让自己的资产稳妥地增值，是抵御如今医疗费用"日涨夜大"的三大法宝。

预防疾病是上策

"什么都可以没有，但不能没有健康；什么都可以有，但千万不能有病。"这是已经流行了多年的俗语。简单两句话，道出了人们对于健康的珍视，对于疾病的厌恶。

但谁也无法保证不生病。所以，为了预防生病，尤其是慢性疾病和重大疾病，健康医学专家建议我们，要对自己的身体健康做一个投资，起到预防疾病发生的作用，从而有效且直接地降低医疗费用的支出，同时间接降低潜在的工作事业和生活上的损失。

如果要给健康投资做个投资组合的话，其中最主要的要素就是个人行为选择，其次是食物投资和健身时间投资，还有为心情而进行的所有投资。

食物和健身的投资很好理解。食物要有营养，要多元化，健身要保证一定时间。这些都是健康的基本前提。所谓个人行为的选择，简单地说就是养成良好的生活习惯，学习基本的养生之道。至于心情的投资同样不可或缺，比如社交活动，旅游度假，抑或是和朋友煲个电话粥都是令心情愉悦的方法，心情舒畅，身体也会更健康。

让医疗保险做有效补充

如果说社会医保好比健康医疗保障金字塔的最底层，只能提供最基本的保障，那么商业的健康医疗保险则可以是这个三角形的中上层，可用来弥补医保无法涵盖的范围，起到补充的作用。

那么，目前市场上的商业健康保险主要有哪几类？分别能起到怎样的保障作用呢？

人们最熟悉的可能莫过于重大疾病保险了，这类保险的"简约"型产品为单纯的防癌险。投保大病险或防癌险后，只要被保险人被确诊患了保险条款中列明的某种疾病，无论是否已经发生医疗费用，也不管一共发生了多少费用，都可获得投保时约定的补偿金，而且并不需要被保险人提供相应的医疗费用发票。

还有一种叫做"医疗费用报销型保险"，意思就是说当被保险人因为意外或者疾病接受医疗服务发生费用后，可以按照约定比例得到补偿金，但这种补偿最高限额不能超过已发生的医疗费用，理赔时也需要医疗费用发票凭证。最常见的是住院医疗费用报销型保险，也有一些门急诊费用报销保险。但在目前内地的保险市场中，由于保险学校承担的风险较大，门急诊费用保险还比较少，一般只是在团体医疗中才有附加门急诊费用保险；个人健康医疗险中门急诊费用类保险产品很少，现在市面上销售的只有附加的意外伤害门急诊医疗保险。

还有一种常见的医疗保险，称为"住院补贴型（津贴型）保险"。意思是说被保险人因意外伤害、疾病而接受住院治疗，导致个人收入减少，可由保险学校按照约定的标准补偿给予津贴。投保时可选择每日补贴额度，与实际发生的医疗费用无关。

这两年各保险学校还新开发了一种设有上限的终身医疗账户型保险。这类保障计划实质是保险学校提供给客户的一个"个人终身医疗账户"，投保人需要在年轻时每年储蓄一定的金钱（保费）进入该账户，同时从交费的第一天起，就有权从该账户中提取医疗补贴金。为了避免在年轻时把账户中的钱全部用完，导致老年无保障，保险学校会特别提醒你每年最多从中领几次补贴金。若不幸身故，账户中的钱还没有用完，可以还给你的爱人或后代。这类终身医疗险即"一次核保，保障终身"，彻底解除了客户投保后因身体原因不能续保的后顾之忧。而且，若中途发生疾病或住院事件，对于同一种类的疾病，保险学校依然会给予赔付。

对于不同的人群而言，由于家庭的经济状况、肩负的家庭责任、已有的保障情况等不同，在选择健康医疗类保险时也应有所侧重，分清轻重缓急，选择不同的产品类型，而不是贪大求全。尤其是已经参加社会医保的和还未参加社保的，在选择商业健康医疗保险时应该各有重点，才能又经济又有效。

对于中青年人群而言，比较理想的险种搭配是：已经有社会医疗保障的，就选择重大疾病保险加住院补贴保险；还没有医疗保障的，就选择重大疾病保险加住院费用保险。

当然，和选择其它类型保险一样，选择健康医疗险时还要考虑拿多少钱出来投保，也就是预算问题。一般的原则是，每年的医疗保险费是年收入的 5%～7%（因为总的保费支出占年收入的 7%～15%，健康类保险应该在所有保障中占一半费用），如果没有社会医疗保障的话，这个比例可以适当地提高一些。而由于预算的宽裕和紧张程度不同，同类人群在安排健康医疗险产品的先后购买次序时，也应有不同的考虑。

比如，对于一个 28 岁的已婚白领女士而言，应该以"医疗补贴——重大疾病险"的顺序来考虑购买，应该首先保障自己生病时家庭收入不锐减，毕竟对她而言，生小病住院的可能性要比重大疾病的可能性高，所以优先选择补贴保险。而且，保险不是一步到位的，如果她目前规划的大病保障不足，在 35 岁之前，她仍可以继续加重这方面的保障。

对于一个 40 岁的中年创业成功人士而言，有足够的实力，也有足够的必要先规划重大疾病险，然后才是高额医疗补贴保险，再次考虑购买医疗费用保险，因为以他的经济能力，小毛病产生的医疗费用完全可以通过自己解决，他需要通过保险来转嫁的是疾病引发的高额费用支出，同时可以考虑在住院期间获取高额津贴补偿。

而在保额选择方面，重大疾病险的保额以 10 万 ~ 30 万元为佳，以便覆盖日益增加的重大疾病治疗费用。住院医疗费用和意外伤害门诊保险额度无需太高。津贴型医疗险的每日补贴额度，则以个人的收入状况自行考虑，比如一个月收入 3000 元的投保者可以选择 100/天的补贴额，收入更高则选择的津贴额应该更高些，这样才能有效弥补自己因为生病住院导致的收入损失。

抵御资金压力

还有一种"对付"医疗费用支出的办法，那就是"苦练内功"——让个人和家庭的资产尽力保值增值，以便有足够的能力应付医疗费用对家庭经济的侵蚀。

如何让家庭资产保值增值？这几年的投资理财手段已经日益丰富，低风险的人民币理财、中短债基金、国债；中等风险的房产、偏股型开放式基金、封闭式基金、可转债、分离债；中高风险的外汇、黄金投资……若能找对路子，将自己的家庭资产通过不同的投资组合，来获取中长期稳定的收益，就能有效达到保值增值的目的。

除了让家庭资产"整体集合型投资理财"，使用家庭资产"大盘子"来应付医疗费用开支外，当然个人也可以模仿保险产品的形式，为自己和家人筹建一个"家庭医疗基金"。比如，采用每月定期定额投入的方式，将一小笔（诸如 200 元）资金投资于某只稳健成长的开放式基金，用于不断积累。一旦家人发生医疗自费项目，就从这个"家庭医疗基金"中领取相应的钱数，这样就不易对日常的开支产生破坏性影响，同时可以减轻心理压力。

值得一提的是，在所有家庭的资产配置中，一定要留出一块相当于全家 3~6 个月开销所需的"家庭紧急备用金"，以预防一旦发生疾病等意外事故，家里的流动资金能足够支撑度过难关。

第五章

减轻家庭压力的方法

1. 家庭成员带来的压力有哪些

来自家庭成员的压力并不比来自工作方面的压力轻，因此，家庭压力不容忽略。比如，丈夫或妻子与对方的性格或兴趣方面的冲突越来越激烈，孩子不把大人的教诲放在心上，甚至阳奉阴违等。另外，家庭出现不测风云，如家庭某个成员患疾病或伤残，这都会给人带来压力。

2. 调节家庭情绪减轻压力

在影响人们健康的众多因素中，有一个极易被忽视而又相当重要的因素，它就是"家庭情绪"。心理学告诫人们要保持良好而稳定的情绪以增进自己的情绪是很不够的，因为，每个人每天约有一半以上的时间都是在自己的家庭中度过的，而家庭是情绪的整体，每个家庭成员都不能完全独立，都要受到家庭整体情绪的影响。

家庭是社会的细胞，同时对每个家庭成员来说，它又是一个整体。家庭成员情绪的总和构成了家庭情绪，反过来，家庭情绪又对每个家庭成员的情绪施加影响，是关系着每个家庭成员身心健康的重要因素。

当我们认识到家庭情绪的重要性之后，就应该时刻关注和不断改善自己的家庭情绪。改善家庭情绪，必须认识、重视和善于利用家庭内的情绪感染。那么，究竟应该怎样正确认识和对待并善于利用它呢？

要有目的地努力改善自己的家庭情绪，使积极的情绪占家庭情绪的主流，使每个家庭成员都能心情舒畅，快活常驻。让每个家庭成员都愉快并非易事，要从以下四个方面着手：

让家庭里充满爱

爱是家庭幸福的能源和快乐的温床，爱他人与被他人爱，才会化冷漠为温暖。

每个人都有这样的体验，生活在一个充满亲情之爱的家庭中，就是遭遇到挫折与不幸，也会很快地将它们摆脱。相反，生活在一个缺少爱的家庭里，则会被烦恼与忧虑紧紧地缠绕着。因此，欲使家庭快乐，自己必须首先向所有的家庭成员奉献爱心。家庭主要或核心成员应该以身作则，做出榜样。

尽量满足亲人合理需要

心理学告诉我们，人的情绪与其需要能否得到满足密切相关。当需要得以满足时，一般情况下都会产生积极的情绪（满意、欣喜、快乐等）；而其需要得不到满足时，则多产生消极的情绪（不满、恼怒、愤懑等）。所以，每个家庭成员尤其是核心家庭成员，应该尽最大的努力去满足亲人合理的物质需要和精神需要，给予亲人关心、支持、帮助、安慰、鼓励与赞赏。

不断丰富家庭精神生活

培养业余爱好，兴趣多样化，经常开展娱乐活动，让歌声、琴声和欢笑声充满家庭，这些都会优化家庭的情绪。

家庭成员之间关系的忌讳

促进团结，提倡家庭民主，亲人之间相互尊重，相互体谅，也是改善家庭情绪不可缺少的内容。

每个家庭成员尤其是家庭主要成员，应该学会和善于引导积极情绪的扩散，及时遏止和消除消极情绪的产生和传播。每个人都要养成这样的习惯，自己在工作单位遇到的令人高兴的事情，下班到家及时地告诉亲人，快乐让亲人分享；相反，一些微不足道的烦恼与不快，则不必对亲人讲。

但要注意，那些一时排解不开的心事，也不要长期埋在心底，就该及早地向亲人倾诉，求得亲人的帮助。

有些人在外面遭受挫折，将火气带回家里，拿亲人当泄气筒，发脾气动肝火，甚至打孩子、骂老婆，这是无能的表现，意制造与扩散消极情绪，对亲人的身心健康危害甚大，实不可取。

研究表明，家里人团聚在一起时是家庭内情绪感染的重要时间。如进餐时、晚上看电视时，人们应该重视这些时间和场合。亲人之间更应该相互爱护与体谅，尽力创造出一种和谐轻松和欢快的气氛。有些人习惯在餐桌训子；有些夫妻常在进餐时相互责怪。无疑，这些都给家庭内消极情绪的产生与传播提供了方便，应该尽力避免。

酗酒、赌博是不良嗜好，也是家庭消极情绪产生与感染的帮凶。酒鬼与赌徒常搅得家无宁日，给亲人造成极大的精神痛苦。因此，为了防止家庭内消极情绪产生与扩展，为了全家人的身心健康与幸福，奉劝嗜酒成性者戒酒，好赌者戒赌。

一些人在家庭中作风专横，行为霸道，动不动就大发雷霆，对亲人冷言冷语，甚至拳脚相加。这些人可谓家庭健康公害，是家庭消极情绪的重要感染源之一。维护家庭的健康与防止家庭消极情绪的产生，必须重点治理这些人物。当然，主要还要靠他们自己的主观努力，加强道德与个性修养，克服缺点，不断充实和完善自己，为改善家庭情绪做出贡献。

3. 夫妻正确处理家务以减轻压力

在我国当前的社会条件下，家务劳动确实是很繁重的。对于双教师家庭来说，8小时在单位工作，回到家里就得忙家务，真是"眼睛一睁，忙到熄灯"。

另一些调查也表明，家务劳动不能妥善处理好是发生家庭矛盾的主要原因之一。而夫妻因家务劳动闹矛盾的原因，大致又有两点：一是思想上、心理上的不协调，如丈夫有大男子主义思想，认为家务事应由妇女去做。二是安排上的不恰当，反过来又造成或扩大双方在思想上、心理上的矛盾。所以，进行夫妻在家务劳动上的心理调适，是十分必要的。为此要做到：

平等原则

要把家庭生活安排好，夫妻之间对家务劳动就必须取得思想上和心理上的一致。夫妻双方都应该把家务劳动看成是自己的本分，妻子不能醉心于所谓"妻管严"，丈夫也要摆脱"大男子主义"的羁绊。一句话，夫妻双方对家务劳动应采取平等的原则，事情就好办多了。

一致原则

家务劳动是没有底的：房间可以布置了又布置，桌子可以抹了又抹，一件外衣可以一个月洗一次，也可两三天洗一次，等等。在这些问题上，夫妻之间未必就那么"心有灵犀一点通"，这就需要商量。双方经过商量取得一致意见后，照此办理，不自行其事或阳奉阴违，矛盾就会少多了。

分工原则

家务劳动也以各尽其职为好。在自己分管的范围内，自觉地把事情干好。分工也不是半斤八两绝对平分，而应根据夫妻不同体质、能力、生理、心理情况合理安排。

一般情况下，男同志体力好，家中的粗活可包给丈夫；女同志比较纤细，烹调、针线一类细活，理当承担。当然分工不是分家，双方也要主动互相配合，互做帮手，这样既分工又配合，要求明确，有条不紊，彼此间也有一种支持感，不仅对提高家务劳动效率有好处，对于促进夫妻和谐相处也有好处。

宽容原则

夫妻间各自的经历、习惯、工作忙闲及家务劳动能力的不同，在家务劳动中承担的数量、完成的质量肯定会有所差别。例如丈夫下班较早，理应负责晚餐，可是烹调技术不高，烧出的饭菜不可口，这时妻子怎么办？责怪吗？这将既伤感情，也会打击丈夫的积极性，因此还是以宽容为宜。

家务劳动看起来只是一个"干"的问题，其实怎么干法，大有讲究。干好了，效率高，大家心情舒畅，家庭生活愉快；干不好，事倍功半，彼此都不愉快，有时还要吵一场。

所以，夫妻之间对家务劳动的看法、想法和心理状态协调一致，使家务劳动这个家庭生活不可缺少的组成部分，也成为夫妻和谐相处的催化剂，是一件值得深入进行研究的课题。

4. 调解家庭矛盾以减轻压力

家庭闹矛盾，并不是不值一提的小事情，它不仅使家庭成员心烦意乱，影响工作，学习和生活，而且会影响邻里的安宁，造成不好的影响。每当我们自己的家庭发生矛盾，或遇到街坊邻居、亲朋好友的家庭发生矛盾时，我们应当怎样进行调解呢？

当自己的家庭发生矛盾时

家庭生活中，大事要讲究原则，小事要讲究风格。一般来说，家庭中遇到不愉快的事情而发生矛盾和纠纷，是很难分清谁是谁非的，即使自己有理，也要注意方式方法。如果发现爱人在赌气，要学会使他（她）顺气，多为对方着想。当爱人发火时，自己要压住火，在火头上不要辩论谁是谁非，等消火后，再好言相劝。批评对方的时候，要诚心诚意，言辞中肯，以柔克刚，摆事实，讲道理。不能讽刺挖苦，更不能当众"揭短"，而要使之心悦诚服。

处理好各种社会矛盾

当亲朋好友、街坊邻居的家庭闹矛盾时：父母之间，婆媳之间、父子之间、兄弟姐妹之间、妯娌姑嫂之间……无论我们周围哪些人闹了矛盾，都需要我们首先采取"降温"措施，然后做耐心细致的思想工作，晓之以理，动之以情；平息矛盾，求得和解。

有几种"降温"措施经试用后确实有一些效用：

（1）反激法。如果闹矛盾的双方一向感情很好，偶然因故闹起矛盾，调解者可激烈地批评其中一人，使另一方感到"太过分"，从而唤起对亲人的感情，即可收到"降温"之效果。

（2）打岔法。调解者可在矛盾激烈时突然插入，引开话题，或借故将其中一人设法拉走，使双方能够冷静。

（3）威慑法。请家庭中德高望重的长辈，借用自己的威望，首先严厉制止矛盾双方停止争吵，继而严肃地对他们讲清争吵的坏处，特别是对孩子的恶劣影响等，努力使他们平心静气地解决相互之间的矛盾。

这些方法，对于及时制止十分激烈的矛盾冲突与争吵有一些作用。当然，完全解决矛盾还得靠耐心的说服、开导、教育工作。

5. 合理安排家务劳动

每一个家庭都有大量的家务劳动，据北京市统计局 1982 年对 566 名女教师进行调查表明，她们的家务劳动每天大约有十三项之多，平均每人每天用于家务劳动的时间需三小时四十三分。在住房的生活设施不齐全的家庭，每人每天投入家务劳动的时间需要四小时四十四分左右。对于这么沉重的负担，如果不能妥善处理，合理安排，势必会严重影响家庭每个成员的工作、学习、生活和健康。

怎样比较合理地安排家务劳动呢？

要力求简单，节省时间

家务劳动是没有底的，不必争取做得十全十美，应当力求简单，从节省时间上多考虑。家庭的摆设如果不那么琐碎，平时做饭菜或招待客人如果不那么讲究花样、形式等等，就可以把家务劳动的时间压缩到最少程度，腾出时间、精力来从事工作、学习、娱乐和体育锻炼。

要运筹巧妙，计划安排

有些家庭家务劳动似乎特别多，全家人总是在忙忙碌碌。这很可能是由于对家务劳动缺少计划性所致。应当在每月、每周甚至每天，都能对家务劳动有个计划安排，统筹考虑。可以把家务事分成必做、有时间就做、可做可不做等三类。时间允许，把必做的事先做完，有时间再做其他事情。同时，要善于利用空隙，善于在同一时间里做几件事，"重叠"利用时间。

要逐步"电器化"，提高效率

现代科学把一代又一代实用、方便、高效率的家用电器送进了家庭。这些家用电器省时、省力，大大减轻了家务劳动的负担。洗衣机、电冰箱、电饭煲、电熨斗、电烤箱等等家用电器，正逐步把人们从家务劳动中解放出来。因此，每个家庭努力积蓄一些资金，逐步购置家用电器，从长远利益看，是十分合算的。

要依靠社会，宏观考虑

家务劳动社会化，是从根本上解决家务劳动负担重的途径。孩子入托、招聘家庭服务员、请街道劳动服务组织人员洗衣服、熨衣服、自行车寄存、修理电器，做木工活等等，这些社会化的家务劳动，已经在大中小型城市中发挥着越来越大的作用。将来，待主食成品化、副食加工化等更加社会化的家庭服务工作得到大发展后，必将使每个家庭的家务劳动从繁重走向轻松，变生活负担为生活乐趣。

6. 夫妻互动共寻减压良策

夫妻关系是家庭关系的核心。夫妻关系融洽与否，对亲子关系有重要影响，对处理其他家庭关系也有不可忽视的作用。

日本学者津留宏、泉宇佐认为，夫妻关系是指男女两人通过合法的结婚手续，在性生活、社会生活及经济等方面过着共同生活的关系。日本学者的这一看法，注意到夫妻关系的生物基础和社会特征，这是必要的，但他们却忽略了其中的心理因素，这显然是一种遗憾。事实上，心理因素在夫妻关系中占有十分重要的地位。特别是在现代的文明社会，缺乏爱情吸引和满足的夫妻关系，是不完善的，不圆满的，或者说是不牢固的，而只有建立在稳定的爱情基础上的夫妻关系，才能体现出现代夫妻关系中最本质的特征。所以，认真研究夫妻关系中的心理调适问题，促使夫妻关系在爱情的基础上不断巩固和提升。

那么，在夫妻关系的心理调适中，应当注意哪些问题呢？概括起来说，应当注意这样几个方面：

夫妻之间情感的互动与交流

爱情这种两性之间在互动过程中产生的高级情感，在恋爱阶段表现得最为热烈。所谓"一日不见如隔三秋"，便是热恋中的情人感情需求的生动反映。然而，随着浪漫恋情的结束，婚后生活的开始，不少夫妻的情感交流趋于冷落，有的人甚至把婚后的生活比作"枯燥的散文"、"无味的白开水"，哀叹结婚是"恋爱的坟墓"。这种对婚后情感生活的悲观描绘，恰恰从反面证明了夫妻之间加强情感互动交流的重要性。

"互动"也就是相互交往、相互作用。互动有积极、消极之分。积极的互动，有利于感情的吸引和深化；消极的互动，则会造成感情的疏远和恶化。毫无疑问，夫妻之间情感的互动与交流，应当向着积极的方面发展。

以积极的态度加强夫妻间的情感互动与交流，首先就要求夫妇双方，要善于体察对方的情绪变化，并能主动地适应这种变化。一个人生活在复杂的大千世界里，日常生活中少不了有喜怒哀乐。夫妻之间朝夕相处，对对方的情绪变化，应当说最清楚、最了解。细心的妻子或丈夫，每天下班回家碰到一起，不用多说话、多询问，只要看一看对方的神情举止，就完全有可能领悟出对方是喜还是忧。作为夫妻之间积极的情感互动，当遇到一方情绪低沉、心境不佳时，另一方应避免过多的打扰，而应主动地忙忙家务，说些体贴、安慰的话，以便帮助对方平息情绪。等对方的情绪有所稳定时，夫妻双方还应进一步进行认识上的沟通，弄清不悦情绪的起因或原委，这不仅有助于对方消极情绪的进一步排解，而且还有利于积极情绪的调动和夫妻感情的深化。可见，夫妻之间在情感上的息息相通，心心相印，彼此默契和主动适应，对于加深夫妻感情有重要意义。

夫妻之间人格的尊重与信任

夫妻之间在人格上相互尊重，相互信任，对于搞好夫妻关系，增进心理健康，具有重要意义。

尊重与信任是处理一切人际关系的基本准则。夫妻之间也同样如此。如果把尊重与信任比作爱情的"基石"和"纽带",那么,互不尊重,互不信任,或者支配、傲慢与猜疑、提防,则是爱情的"绊脚石"和"腐蚀剂"。对此,夫妇双方绝不可掉以轻心。

夫妻之间人格的尊重与信任,应着重体现在以下诸方面:

（1）夫妇双方不论职位高低和能力大小,在家庭生活中均享有平等的权利和义务。

（2）夫妻双方相互尊重各自的隐私,并且在日常生活的各个方面（包括性生活在内）,都不去做强迫对方遵从的事情。

（3）夫妻在家庭生活中奉行文明礼貌、相敬如宾的原则。

（4）夫妻双方对爱情忠诚,胸怀坦荡,以诚相待。

（5）在经济开支和社会交往方面,夫妇双方彼此公开。不打埋伏,不存戒心,不互相猜疑。

（6）在对待长辈和处理其他家庭关系、家庭事务时,夫妻双方也能互相尊重,互相信任。

从我国目前夫妻关系的实际情况来看,多数夫妻都能做到在人格上互相尊重与信任,但也有一些夫妇在这个问题上缺乏远见和自知之明,结果给夫妻生活带来一定的烦恼,有的甚至酿成悲剧。

在夫妻之间人格的尊重与信任方面,马克思与燕妮,列宁与克鲁普斯卡娅,周恩来与邓颖超,这些革命伟人的夫妻生活实践,为我们树立了光辉的榜样。例如,列宁和克鲁普斯卡娅,从共同生活的第一天起,就订立了夫妻相处的两条"准则":互不盘问,绝不隐瞒。这两条"准则",表现出列宁夫妇对彼此人格的高度尊重与信任。周恩来和邓颖超,曾经根据他们夫妻相处几十年的经验,提出了处理夫妻关系的"八互"原则,即互敬、互信、互学、互助、互爱、互让、互勉、互谅。其中,互相尊重、互相信任,在"八互"原则中居于突出地位。这说明,夫妻之间在人格上的相互尊重与信任，对于维系和发展美满的夫妻关系，该有多么重要了。所以，我们在处理夫妻关系时，一定要高度重视这一问题。

夫妻之间差异的适应与互补

丈夫与妻子之间，在兴趣、爱好、能力、气质和性格方面存在一些差异，这是正常现象。问题在于，如何正确地对待这些差异？采取什么样的措施，才能有效地适应这种差异，或者达到互补的目的。

让我们先来讨论夫妻之间差异的适应问题。在讨论这个问题之前，先来看一个实例：

有对30多岁的夫妇，丈夫喜欢下围棋，妻子则喜欢看电影。丈夫下棋时好着迷，有时到外边下棋直到深更半夜才回家。妻子对此十分恼火。她开始采取"以牙还牙"的战术。你不是深更半夜才回家吗？那好，我就把门反锁上，任凭你怎么叫门，我也不开。为了这，夫妻俩没少吵架。后来，两人觉得总这样别扭不是办法，于是便互相作了让步，努力争取在兴趣爱好方面相互适应。这样，丈夫外出下棋的次数少了，每次下棋的时间也严格加以控制，有时还主动陪妻子、儿子去看电影。妻子也对丈夫下棋产生了兴趣。碰到两口子在家闲着没事，妻子就要丈夫教她几招，还劝丈夫好好教教儿子，以便开发儿子的智力。由于在兴趣爱好上彼此适应，一家三口的小日子过得越来越美满。

夫妻在家庭生活上要力争合拍，也就是要彼此适应，这样才能求得家庭生活的和谐与美满。如果夫妻之间在兴趣爱好、生活习惯等方面出现矛盾，应当本着迁就、忍让的精神，力求使矛盾由大化小，就像上述例子中夫妻俩后来的做法那样，这样才有利于问题的解决和夫妻之间差异的适应。

有人把夫妻之间的差异补偿喻为"1＋1＝2"，也有人将其称作

"1＋1＞2"，这些比喻的目的无非是想说明，只要夫妻之间取长补短，密切合作，不但会融洽夫妻关系，逐步缩小夫妻间的距离，而且还会产生超过单个人努力的协同效应。所以，高度重视夫妻之间差异的互补问题，使夫妻之间在气质、性格方面，能够做到刚柔相济，急慢相和，动静相宜，在能力方面，能够做到各取所长，互相帮助，那么，就会弹奏出一支支和谐悦耳的爱情新曲，给多姿多彩的家庭生活，增添更多的春意和活力。

7. 理顺家庭成员关系减轻家庭压力

我们这里所说的亲子关系，主要是指父母双亲与未成年子女的关系。父母双亲与未成年子女之间，既有着密切的血缘关系，又有着长期养育而形成的感情联系，因此，亲子关系在家庭关系中，占有十分重要的地位。

在父母与未成年子女的关系中，父母处于主导地位。父母之间的关系如何，父母对子女采取什么样的教养方式，以及父母自身的文化心理素质、经济状况和居住环境怎样，都会直接间接地对子女的心理健康产生深刻影响。下面，我们就结合国内外的有关研究，先来说明亲子关系对未成年子女的影响，然后再来讨论处理亲子关系所应注意的问题。

亲子关系对未成年子女的影响

（1）不健全的双亲关系对未成年子女的影响。不健全的双亲关系主要包括下列各项：父母双亡或单亲死亡，父母离异，父母中有犯罪行为并造成家庭破裂，父母不和，父母本身有身心缺陷，等等。

处于家庭不和中的儿童，比生活在父母中有一人死亡的家庭中的儿童，可能会遇到更多的麻烦。他们对未来感到害怕，有被抛弃感和愤恨感，并有可能变得抑郁，敌对，富于破坏性，易激怒，孤独，悲伤，特别容易闯祸，甚至会自杀，他们还有可能感到劳累，失眠，患皮肤病，食欲减退，思想不集中，羞辱与窘迫，还常常使得他们对学校作业和社会生活不感兴趣。研究进一步证实，父母离婚所造成的不稳定的家庭环境，对儿童心理发育有明显影响。离婚家庭中的男孩子，情绪不稳定，性格倔强，情绪与行为问题的检出率较高，而女孩子则表现出更多的焦虑情绪，从离婚家庭儿童的智商测定来看，远较对照组低，差异显著。另据对北京城区 2432 名 7 ～14 岁儿童的调查，处于夫妻不和的家庭、暴力家庭或离婚条件下的儿童，其行为问题的检出率均比正常儿童高。

（2）不同的教养方式对未成年子女的影响。美国学者鲍姆林德，曾把父母教养子女的方式分为四种类型，分别比较不同类型的教养方式对子女心理健康的影响。结果发现：专断型的教养方式（严格控制，严厉惩罚，很少温暖），使得子女常常产生不满情绪，并且具有畏缩、不信任人等个性缺陷，随意型的教养方式（放任自流，不加控制，不提要求），所培养出来的孩子也具有随意的色彩，即在个性上很不成熟，达不到同类孩子的正常发展水平，权威型的教养方式（既严格要求，又尊重孩子，控制与鼓励相结合），使子女获得足够的安全感，并使得这些孩子在同龄孩子中，最能自立，最能控制自己，最自信，最能进行探索和最心满意足；和谐型的教养方式（主张平等，与子女和谐交往，积极培养孩子诚实、公正和理性的品质），使子女有较强的独立性和个性意识，善于与人交往和取悦于人。鲍姆林德认为，就美国的情况来看，权威型的教养方式似乎是最成功的，但和谐型的教养方式则代表了一种新的发展方向，所以，后两种教养方式都对子女有积极影响，而专断与随意的教养方式则是十分有害的。

我国学者吴舸和舒明跃的研究表明，在犯罪的男青少年中，缺乏父母爱的情况比较严重，尤以缺乏父爱更为普遍，亲子间特别是父子间的交流障碍，不仅表现为交流机会少，更重要的是交流质量差，可见，父爱的重要性是不能忽视的。

国内外的许多研究还证实，家庭的心理气氛，对儿童的心理健康有重要影响。而家庭的心理气氛，是与父母的教养方式、教养态度紧密联系在一起的。

（3）父母文化程度、经济背景对未成年子女的影响。大量的研究表明，父母的文化程度，家庭经济状况和生活环境，对未成年子女的心理与行为有重要影响。一般来说，父母的受教育程度越低，儿童行为问题的检出率越高。经济富足或穷困家庭的孩子，比中等阶层家庭的孩子，有更多的适应困难。家庭居住条件差，易使儿童产生苦闷、烦躁等情绪，而家庭的社区环境不好，则会使儿童沾染某些不良习气，影响行为的健康发展。

处理亲子关系应注意的问题

（1）父母要多为子女着想，努力为孩子树立良好的形象。父母是孩子的第一任老师。所以，当父母的要时刻想着自己对子女的责任和义务，努力扮演好"善为子师"的重要角色。

首先在夫妻关系上要和睦相处，力求给孩子留下一种安全的感觉和美好的印象。安全感是一种基本的心理需要。孩子缺乏安全感，成天担心父母争吵或离婚，在这样的动荡气氛中，孩子的心理又怎能获得健康的发展呢？子女看到父母不和，甚至比父亲或母亲的亡故还要痛心，心理反应也更为复杂，这说明在子女的心目中，父母之间的感情该有多么重要！遗憾的是，现在我们有些父母，特别是年轻的父母，对夫妻之间的感情不那么珍重。他们动不动就吵架，吵急了就闹着要离婚，似乎离婚也是一种"时髦"。这种现象对子女来说，实在是一种不幸。

（2）父母要了解子女的心理特点，采用科学的方法教育孩子。子女的心理特点，在不同的年龄阶段是不一样的，即使在同一年龄阶段，也还存有性别上的差异以及其他身心差异。但总的来说，未成年的子女在家庭中都有下列一些心理需求：他们求知欲旺盛，好奇心强烈，常常希望从父母那里获得更多的知识；他们渴望交往，喜欢活动，如果经常把孩子关在家里，他们会在情绪上受到极大的压抑，他们喜欢游乐，兴趣广泛，父母若干涉他们的游乐权利和兴趣爱好，他们会产生强烈的挫折感甚至对立情绪。对未成年子女的这些基本的心理需求，父母应当心中有数，并积极采取措施，适当地加以满足，及时地进行教育、引导，这样才能对子女的发展起到良好的推动作用。

针对子女的心理特点进行教育，要注意以下几点：

民主与强制：在教育子女的过程中，应当采用民主的方法，不应依赖强制的手段，这个道理多数父母都懂得。但要真正的实行起来，还是强制省事，见效快；民主费事，收效慢，有时还很难见到直接的效果。可见，有了理论并不等于能很好地指导实践，理论与实践之间是有一定的距离的。

所谓民主的方法，实际上也就是商量的方法，是说服教育的方法，是以理服人的方法，是平等待人的方法。对子女讲民主，不是降低父母的权威，更不是表明父母的无能，而是将父母对子女的教育，置于一种较高的层次之上，置于科学的境地。正如有的研究所指出的，以民主的方式教养出来的孩子，有礼貌，独立性强，待人亲切，善于与他人合作，当然，这需要父母的长期努力。

开放与捆缚：开放就是要给孩子以较多的自由，使他们有更多的伙伴，有更频繁的社会交往的机会，有更大的活动空间，有更丰富的生活内容。与开放相对立的教育方法是捆缚。捆缚也是一种省心省事的传统教育方式。将孩子关在家中，少与人接触，可防止孩子"沾染坏习气"，可使孩子安心学东西，可保证孩子的身体健康，等等。然而，习惯于捆缚方法的家长同志，您是否想到孩子的需求？想到孩子的喜怒哀乐和精神发展？而这些心理健康方面的要求，恰恰是捆缚方法无法满足、无力解决的。

现代的社会，现代化的生活，要求父母给孩子更多开放的机会，使孩子更多地接触社会与人生。我们要培养现代化建设所需的人才，靠捆缚、靠笼鸟式的教育，是办不到的。我们应该让子女从小天地里走出来，在活生生的社会里锻炼，在困难与挫折中成长，这样才能领略人生的真谛，才能造就现代人的意识和现代人的品格。

鼓励与责罚：鼓励即正面强化，责罚则是一种反面的强化。照理说，鼓励与责罚都可以引出积极的结果。但是，责罚不可过分，更不能滥用。责罚的过分与滥用，不仅会挫伤子女的积极性，疏远亲子间的情感，而且会失去这种教育手段的固有作用。

鼓励作为正面教育的手段，应始终在教育子女的过程中居于主导位置。子女的年龄越小，越要以鼓励为主，以表扬为主。但鼓励或表扬同样不可滥用。若只予表扬，不予批评，只讲鼓励，不讲责罚，久而久之，孩子就会形成一种"定式"，即只能听好的，不能听相反的意见，那样同样会失去鼓励这种教育手段的固有作用。

父母应提高自己的心理素养

（1）要有养儿育女的正确动机。父母养育子女，从根本上说，是对社会的一种责任和贡献，而不是个人的私利。如果父母具有养儿育女的正确动机，就会按照社会的需要规范子女的行为，促使子女沿着德、智、体、美、劳全面发展的方向前进，相反，养育动机不端正，仅仅着眼于个人的私利或家庭的前途，那么父母的养育标准必定是片面的狭隘的，因而不利于子女的健康发展。

（2）要有深厚稳定的教育情感。一般来说，父母对子女都有天然的爱心，也都希望自己的孩子能够健康成长，早日成才。但天然的爱心和朴素的愿望，并不能代表具有高尚、深厚和稳定的教育情感。十一世纪的法国哲学家彼德·阿柏拉尔说过："火气甚大，容易引起愤怒和烦扰，是一种恶习而使心灵向着那不正当的事情，那是一时冲动而没有理性的行动。"

（3）要有耐心细致的处事风格。家庭教育十分需要耐心细致的心理品质。只有耐心细致，才能了解子女的所思所想，从动态上把握子女的思想脉搏；只有耐心细致，才能对症下药，以理服人，使孩子心悦诚服地接受父母的帮助，只有耐心细致，才能造就亲子间的民主气氛，促进孩子的身心健康发展。

耐心细致应当在家庭教育的各个方面体现出来。例如，孩子有了缺点、错误，家长不应就事论事地训上几句，简单了事，也不应掉以轻心，听之任之。细心的父母，要从事情的现象探寻本质，从子女缺点、错误的表面，挖掘主客观方面的根源，这样才有助于子女的改过迁善和成长进步。

（4）要有开朗善良的性格特征。性格是环境塑造的结果。父母要想使子女形成开朗善良的性格，自己本身就应加强个性修养，努力形成开朗善良的性格特征。在实际生活中，我们看到，有些孩子的郁闷，消沉，自私，不能体谅人，这些不良的个性品质，正是从父母那里潜移默化地熏染而来的，当然，这里也有外界环境的不良影响。但无论如何，父母的作用是不可轻视的。

8. 处理好尊长关系减轻家庭压力

婆媳关系是一种特殊的家庭关系。在婆媳关系中，既没有像夫妻关系中那样亲密的姻缘关系，又没有亲子关系中那样稳定的血缘关系。婆媳关系是通过儿子，丈夫这一特定的双重角色，而间接发生的血亲关系。由于婆媳关系缺乏天然的凝聚力量，所以处理起来比较困难。难怪有的人形容：十对婆媳九对不和。

虽然婆媳关系有难处的一面，但在社会主义制度下，处理婆媳关系也有很多有利的条件。首先，在法律上，婆媳各自的合法权益，都能得到法律的保护；在道德上，一切虐待婆媳的不道德行为，都会受到舆论的谴责，这就从根本上为婆媳关系的改善奠定了基础。其次，在我们的社会，倡导社会主义精神文明，提倡人与人之间平等互助的新型关系。即使不是一家人的同志之间都可以亲如手足，互助互爱，那么，已经成为一家人的婆媳之间，不是就更有可能做到和谐相处、亲似母女了吗？实际上，现实生活中这种婆媳和睦相处的例子还是不少的。

根据心理学的研究以及许多婆媳和睦相处的经验，抓好以下三个环节最为重要。

媳妇的主动适应

在婆媳关系这一对矛盾中，媳妇常常是矛盾的主要方面。这是因为，新社会的媳妇，已不像旧社会的媳妇那样，缺乏经济地位，身受"三纲五常"的约束，如今的媳妇，大多有可观的收入，有的甚至还超过丈夫。所以，不少年龄较大而又没有工作的婆婆，反而要靠儿子、儿媳来赡养。这种经济地位的变化，决定了媳妇在婆媳关系中所处的重要位置。

（1）尊重婆婆，待婆如母。针对老年人自尊心强的特点，媳妇对婆婆须十分尊重。既要尊重婆婆的生活习惯，又要尊重婆婆的个性特点，还要教育子女尊敬老人。做媳妇的，应当像对待生母那样来关怀、体贴自己的婆婆，态度要诚恳，语言要温和，照顾要周到，这样，婆婆早晚会对此感动的。

（2）理解婆婆，豁达大度。像婆婆这般年纪的人，一般或多或少有一些封建意识，尤其是生活在农村的婆婆，旧思想、旧观念可能更突出些；加上老年人固有的一些心理特点，如健忘，好唠叨，喜欢怀旧等，这样就容易在婆媳之间产生一些隔阂，出现一些矛盾。遇到这种情况，媳妇应当具有宽广的胸怀，豁达大度，理解体谅。

（3）关心婆婆，多方照顾。婆婆上了年纪，行动迟缓，做家务也不利索了，有的婆婆还体弱多病，需要人照顾。但婆婆的自尊心，又驱使她们不承认自己的年老体衰，她们反而会嫌媳妇家务干得少，做事不麻利。碰到这样的事情，媳妇切不可跟婆婆较真，而应用自己的实际行动，来表示对婆婆的关心和爱护，来尽晚辈的一片孝心。

（4）顺应婆婆，趋利避害。有些婆婆，待人尖刻，脾气古怪，遇事好挑剔，说话不留情面，疑虑之心还很重。对于婆婆长期以来形成的个性弱点，媳妇不能采取看不惯、顶着干、你怪我更怪、你刺我更刺的态度。那样只能把事情搞得更糟。正确的做法应当是：趋其利而行之，避其害而为之。例如，当婆婆无理讲怪话的时候，媳妇一定要耐住性子，不理不睬，该干什么就干什么，必要时可请丈夫出面周旋。

婆婆的宽容体谅

（1）自重自爱，以身作则。这是当好婆婆的基本要求。作为婆婆，不应当有倚老卖老的思想，也不应处处拿自己过去当媳妇的标准来要求现在的媳妇。时代不同了，人们的观念亦应跟上时代的步伐，当婆婆的也不例外。要媳妇尊重自己，自己首先要自重自爱，给媳妇做出个好样子，这就是当婆婆所应注意的最重要的问题。

（2）一视同仁，待媳如女。媳妇虽然与婆婆没有骨肉情份，但毕竟是一家人。俗话说，不是一家人，不进一家门。媳妇既然进了自己的这个家门，婆婆就应把媳妇当作亲生女儿一样来对待，千万不能把媳妇当成外人。如果婆婆的心中总是有杆秤，儿子、女儿、孙子这头重，媳妇那头轻，媳妇自然会觉得婆婆偏心眼，不公道，这样就会使媳妇那颗本来就敏感的心，更加失去平衡，从而会带来一系列的心理困扰。

（3）作风民主，体贴媳妇。当媳妇与婆婆一块生活时，婆婆的民主作风十分重要。婆婆作为家里的长者，处在受尊重的地位。如果婆婆能在儿子，儿媳敬重的同时，有事主动征求媳妇的意见，并且决不把个人的主张强加于媳妇，那么就会使媳妇体验到家庭的民主空气，从而更加增添对于婆婆的敬重。

（4）大处着眼，不计小节。在家庭生活中，婆婆的宽容体谅，还应体现在大处着眼，不计小节上。矛盾是事物的普遍法则。婆媳关系再好，也难免会有矛盾。有了矛盾并不可怕，关键在于对矛盾的认识，以及解决矛盾的措施如何。就婆婆这方面来说，对婆媳之间的矛盾，要有下列基本的认识：婆媳之间的矛盾是原则性的，还是非原则性的？如果是原则性的，例如涉及到人的品质和道德问题，婆婆就不应让步，而应以长辈的身份，对媳妇进行教育，当然，这里也有一个方式方法问题，如果是非原则性的，例如涉及到媳妇的生活习惯和兴趣爱好，婆婆就不应过多地进行干涉，在这些小节上过多的干涉，很容易降低婆婆在媳妇心目中的威信。

"中间人"的协调疏导

在婆媳关系之间，除了婆婆与媳妇这两头之外，还有一个重要的中介环节不可小看，那就是身兼儿子与丈夫两种角色的"中间人"的作用。"中间人"在婆媳关系中起着纽带、杠杆和缓冲的作用。没有"中间人"这个纽带，谈不到婆媳关系的建立，缺乏"中间人"这个杠杆力度与支点的调整，婆媳关系就很难正常运转，当婆媳之间矛盾激化的时候，"中间人"又恰恰在其中起着缓冲和疏导的作用。所以有人认为，解决婆媳矛盾的关键在"中间人"。

（1）沟通信息，促进婆媳之间的心理交流。婆婆与媳妇，本来互不相识，彼此缺乏了解。由于姻亲的结合，现在成了一家人，但婆媳之间在各自的脾气、性格、兴趣、爱好和生活习惯方面，仍然有很多"未知数"，需要沟通。这种沟通的责任，自然就落在"中间人"的肩上。"中间人"与母亲共同生活过几十年，对母亲的特点摸得最透，"中间人"与妻子有过浪漫的恋爱过程，又有了朝夕相处的生活经历，对妻子的特点了如指掌。因此，凭借"中间人"的优势，巧妙地架设一条"信息通道"，及时把婆媳双方的信息，准确地传递给对方，并能最大限度地减少传递过程中的"噪音"或"失真"，这对于加快婆媳之间的信息交流，促进婆媳双方的了解，具有重要意义。

（2）消除隔阂，加深婆媳之间的积极情感。在婆媳之间的长期相处中，难免会有矛盾。婆媳矛盾的表现，既不同于母子矛盾，也不同于夫妻矛盾。在一般情况下，婆媳之间有了隔阂，往往好藏在心里，不肯轻易吐露，隔阂较深时，婆媳双方还容易产生"分开单过"的想法。遇到这种情况，"中间人"的疏导矛盾、消除隔阂的作用，就显得更为重要了。就婆媳矛盾的具体情况来看，有些矛盾是由于误会引起的，有些矛盾是由于双方的个性差异造成的，有些矛盾源自于家务琐事，有些矛盾起因于对孩子的教育，还有些矛盾出自于经济方面的问题，等等。对于这些不同类型的矛盾或隔阂，

"中间人"应该心中有数，力求做到一把钥匙开一把锁，努力做好婆媳双方的解疙瘩工作。

（3）善于调解，防止婆媳之间的矛盾激化。夹在婆媳关系中的"中间人"，是个很难担当的角色，搞不好常常会两头为难，左右受气。有些"中间人"，正是考虑到这种难处，因而采取了回避的态度。回避矛盾总也不是解决问题的办法，遇到问题绕着走，而应当迎着困难上，勇敢地挑起调解的重任。调解婆媳间的矛盾，防止矛盾激化，最重要的是要有个是非观点，该是谁的错，就是谁的错，"中间人"不能明显地偏向于哪一方。这个基本的准则把握不好，调解只能越调越糟。但在家庭中，一边是母亲，一边是妻子，有时又很难说出个是非长短。在这种情况下，"中间人"主动地承担一些责任，多给婆媳双方搭梯子、下台阶的机会，使她们尽快地走出尴尬的境地，就显得十分重要。

9. 处理好工作与家庭关系

事业与家庭的关系问题，是使很多成年人深感头痛的一个问题，尤其是那些事业心较强的夫妇，常常在这个问题上碰撞、冲突，因此，妥善处理好这一关系，对维护成年人的心理健康有重要意义。

毫无疑问，成年人应当以事业为重。就像奥斯特洛夫斯基所指出的："一个人只为家庭活着，这是禽兽的私心；只为一个人活着，这是卑鄙，只为自己活着，这是耻辱。"所以，一个成熟的成年人，应当有自己的事业和追求，然而，我们强调以事业为重，并不是忽略家庭的价值或意义，更不是把二者对立起来，相反，我们认为，只有正确处理好事业与家庭的关系，使二者的利益得到合理兼顾，才能给成年人的事业增辉添彩，带来更蓬勃的生机与活力。

　　既然如此，在处理事业与家庭的关系方面，应当注意哪些具体问题呢？从心理卫生的角度来看，主要应注意以下两点：

　　夫妻双方应当在事业上互相鼓励，在家庭事务中相互体谅。这一点，对于夫妇双方都是事业型的强者尤为重要。我们刚才已经提到，夫妻二人都是事业型的强手，往往在处理事业与家庭的关系上，有更多的困扰和冲突。其中最大的困扰包括两项：一个是丈夫对妻子在事业上的拼搏精神缺乏理解，再一个是双方在料理家务方面缺少时间。

　　就第一种困扰的对策而言，关键在于夫妻双方认识上的沟通和理解。在一般情况下，要妻子理解丈夫的事业心比较容易，因为这与传统的文化心态比较合拍，而要丈夫理解妻子的成才热望，就有一定的阻力了。因为"郎才女貌"、"男尊女卑"等世俗偏见，还有一定的市场，要妻子与丈夫在事业上并驾齐驱，甚至"阴盛阳衰"，做丈夫的总觉得有点儿不体面、不舒服。其实，这些传统观念的束缚和消极心态的扰乱，都是不明智的。在社会主义的新型夫妻关系中，夫妻双方处于完全平等的地位。谁有才干就应当让谁充分发挥。那么，做丈夫的为何要惧怕妻子的拼搏和奋斗呢？邓颖超同志说过："真挚而纯洁的爱情，一定渗有对心爱的人的劳动和职业的尊重。"苏联作家柯切托夫也认为："爱情应该是崇高而美丽的，它鼓舞人们去建立功勋，它能激发人们的创造力和崇高的感情。"这些警句格言的意义，无论对丈夫还是妻子，都是十分重要的。

　　就第二种困扰的对策而言，关键在于夫妇双方如何对家庭事务合理安排，以便恰当地解决时间紧的矛盾。根据一些事业型的夫妇共同搞好家庭事务的经验，适当分工，彼此宽容，生活从简，忙中寻乐，这十六个字的家政方针大有裨益。有了适当的家务分工，可以使人减少忙乱，增强家务料理的计划性、条理性，有了彼此宽容的治家态度，谁的家务活儿干多点、干少点，干好点、干差点，就不会那么斤斤计较，互不相让，有了生活从简的理家指南，可以节省料理家务的时间，加快生活节奏，适应现代生活的需要，有了忙中寻乐的生活哲学，可以使夫妇双方从单调的家务劳动中，发现情趣和快乐，调剂身心疲劳和紧张状态。可见，处处留心皆学问。只要夫妇双方齐抓共管，共同探索理家的学问，事业与家庭之间的矛盾就会迎刃而解，一支"事业与家庭"的合奏曲就会徐徐而生，婉转不绝。

当夫妻中的一方为对方的成功做出牺牲时，成功者尤其不能忘记牺牲者的高尚情怀。这是在处理事业与家庭的关系时，应当格外加以警惕的一个问题。生活实践中常可看到，成年夫妇中的某一方，出于对对方情感上的挚爱或利弊的权衡，毅然决定放弃自己在事业上成功的机会，而独自挑起家庭的重担，以便支持对方在事业上的成功。应该说，这种自我牺牲的奉献精神，是夫妻恩爱的深刻体现，也是一种高尚情怀的充分展露。对于牺牲者的这种无私奉献和高尚情怀，成功者理应倍加珍惜。在成功者的功勋簿上，在成功者的整个心中，都要牢牢地牢记牺牲者的情怀，这是每一位牺牲者所期待，所渴望的。

然而，在现实生活中，人们会发现有的成功者非但没有牢记牺牲者的情怀，反而以为对方的牺牲是分内之事，是理所当然的。这样一种过河拆桥的态度和缺乏情义的表现，怎能不引起牺牲者的悲哀？又怎能不造成牺牲者的心灵创伤和痛苦呢？所以，每一个从相爱者的牺牲中获得了成功的成年人，都应很好地进行反思：对方为自己牺牲，自己又为对方付出了什么？只有经常地这样将心比心，知恩图报，才能使牺牲者的心灵缺憾得到慰藉和弥补，才能使夫妻之间的感情得到进一步的升华和深化。

10. 改变生活习惯减轻生活压力

健康是一种身体上、精神上和社会上的完美无缺的状态，而不仅仅是没有疾病和虚弱。因此，人们要想真正拥有健康，不仅要注意防病治病，还应具有健康的生活习惯，对以下种种影响个人健康的不良生活习惯，应引起重视并加以克服改正。

起床先叠被

人体本身也是一个污染源。在一夜的睡眠中，人体的皮肤会排出大量的水蒸气，使被子不同程度地受潮。人的呼吸和分布全身的毛孔所排出的化学物质有 145 种，从汗液中蒸发的化学物质有 151 种。被子吸收或吸附水分和气体，如不让其散发出去，就立即叠被，易使被子受潮及受化学物质污染。

饭后松裤带

可使腹腔内压下降，消化器官的活动与韧带的负荷量增加，从而促使肠子蠕动加剧，易发生肠扭转，使人腹胀、腹痛、呕吐，还容易患胃下垂等病。

饭后即睡

会使大脑的血液流向胃部，由于血压降低，大脑的供氧量也随之减少，造成饭后极度疲倦，易引起心口灼热及消化不良，还会发胖。如果血液原已有供应不足的情况，饭后倒下便睡，这种静止不动的状态，极易招致中风。

饱食

饱食容易引起记忆力下降，思维迟钝，注意力不集中，应激能力减弱。经常饱食，尤其是过饱的晚餐，因热量摄入太多，会使体内脂肪过剩，血脂增高，导致脑动脉粥样硬化。还会引起一种叫"纤维芽细胞生长因子"的物质在大脑中数以万倍增长，这是一种促使动脉硬化的蛋白质。脑动脉硬化的结果会导致大脑缺氧和缺乏营养，影响脑细胞的新陈代谢。经常饱食，还会诱发胆结石、胆囊炎、糖尿病等疾病，使人未老先衰，寿命缩短。

空腹吃糖

越来越多的证据表明，空腹吃糖的时间越长，对各种蛋白质吸收的损伤程度越重。由于蛋白质是生命活动的基础，因而长期地空腹吃糖，更会影响人体各种正常机能，使人体变得衰弱以致缩短寿命。

吃太咸的食物

钠在人体内滞留，容易形成或加重高血压和心脏病。

眯眼看东西、揉擦眼睛

长期如此眼角易出现鱼尾状皱纹。习惯性眯眼还可使眼肌疲劳、眼花头疼。揉眼时，病菌会由手部传染眼睛，导致发炎、睫毛折断或脱落。

强忍小便

有可能造成急性膀胱炎，出现尿频、尿疼、小腹胀疼等症状。美国科学家发布的一份研究报告指出，有憋尿习惯的人患膀胱癌的可能性比一般人高5倍。憋尿时，膀胱贮存的尿液不能及时排出，形成人为的尿潴留。如经常憋尿，就会使括约肌和逼尿肌常常处于紧张状态；如果憋尿时间过长，膀胱内尿量不断增加，还会使内压逐渐升高，时间长了就会发生膀胱颈受阻症状，造成排尿困难、不畅，或漏尿、尿失禁等毛病。在尿潴留时还易引起并发感染和结石，严重时还影响肾功能。

伏案午睡

一般人在伏案午睡后会出现暂时性的视力模糊，原因就是眼球受到压迫，引起角膜变形、弧度改变造成的。倘若每天都压迫眼球，会造成眼压过高，长此下去视力就会受到损害，

俯睡

使脊柱弯曲，增加肌肉及韧带的压力，使人在睡觉时仍然得不到休息。此外，还会增加胸部、心脏、肺部及面部的压力，导致睡醒后面部浮肿，眼睛出现血丝。

睡前不洗脸

留在脸上的化妆品不洗掉，会引起粉刺和针眼之类的炎症，还能使眼睛发炎，引起皮肤过敏反应。

睡前不刷牙

睡前刷牙比起床后刷牙更重要，这是因为遗留在口腔中细菌、残留物在夜里对牙齿、牙龈有较强的腐蚀作用。

睡懒觉

使大脑皮层抑制时间过长，天长日久，可引起一定程度人为的大脑功能障碍，导致理解力和记忆力减退，还会使免疫功能下降，扰乱肌体的生物节律，使人懒散，产生惰性，同时对肌肉、关节和泌尿系统也不利。另外，血液循环不畅，全身的营养输送不及时，还会影响新陈代谢。由于夜间关闭门窗睡觉，早晨室内空气混浊，恋床很容易造成感冒、咳嗽等呼吸系统疾病的发生。

热水沐浴时间过长

在自来水中，氯仿和三氯化烯是水中容易挥发的有害物质，由于在沐浴时水滴有更多的机会和空气接触，从而使这两种有害物质释放很多。据收集到的数据显示，若用热水盆浴，只有25%的氯仿

和40%的三氯化烯释放到空气中；而用热水沐浴，释放到空气中的氯仿就要达到50%，三氯化烯高达80%。

赌博行为

赌博之所以有害于一个人的身心健康，是因为赌博本身是一种强烈刺激，长期进行赌博，可使中枢神经系统长期处于高度紧张状态，容易引起激素分泌增加，血管收缩，血压升高，心跳和呼吸加快等，会增加心血管疾病的发病率，还会患消化性溃疡和紧张性头疼。

生活过度紧张

从事脑力劳动和做生意的一些中青年人，他们的生命机器在整日超负荷运转，由于他们在心理上的竞争欲强，在生理和心理方面皆承受着巨大的压力。过度的脑力和体力劳动后，随之而来的是抗疲劳和防病能力的减弱，进而可能引发多种疾病。

因此，每个人要想拥有健康，首先必须克服不良生活习惯。

11. 适当控制夫妻房事以减轻压力

早在我国古代，人们就已经认识到"纵欲伤身"的道理。现代科学的研究则证明，成年夫妇的性生活过于频繁，会对双方的身心健康和工作，造成不利影响。当然，夫妻房事的频率以多少为宜，这是一个很难回答的问题。因为性欲的强弱因人而异，即使是同一个人，其性欲也要受到气候条件、社会环境、工作性质、身体健康状况、年龄和个性等因素的影响。不过，在一般情况下，身体健康状况良好的成年夫妇，每周的房事以1～2次为宜。倘若夫妻房事后的第二天，出现神志倦怠、头重腿酸、食欲不振、心跳过速等征兆，这就意味着夫妻之间的性生活已经过度，需要及时地加以控制。

应当指出，夫妻之间性生活的完满，关键不在于性交的频率，而在于性交过程中情感的体验。有的成年夫妇，性交频率较高，但每次房事并不能使双方都能获得圆满的快感享受，这样的性生活实际上是不够和谐的。和谐的性生活，应该达到这样的标准：夫妻房事之后双方都感到心满意足，轻松愉快，夫妻之间的感情进一步加深，第二天工作时也更具活力。在这个问题上，夫妻双方适当地学习一点性科学的知识，正确地掌握男女性欲发展的差异和规律，对于提高性生活的质量是有好处的。这也是成年人自我心理保健不可忽略的问题。

12. 如何减轻男人的心理压力

说到家庭，老夫老妻时间长了，生活越来越平淡，在外面忙了一天，回到家里根本就不想动，甚至不想多说话。和老婆的交流越来越少，彼此好像都缺乏激情，明知道这样不好，可就是提不起精神。也不知道为什么，经常会对一些琐事不耐烦，有时甚至吵架，但大多数时候还是冷战，谁也不理谁。精力显然不比当年，夫妻生活有点像例行公事，有时候有点怕回家面对老婆。自我感觉好像从生理到心理都急速走向衰老。

往往男人对衰老不敏感也不愿承认，不像女人那样比较注意保养自己。上了点岁数就感觉很多时候力不从心，精力体力明显下降，做事学习都很难集中精力，记忆力也不行，晚上也总睡不好……

男人的心理压力来源

持续的工作压力：一般人正常工作时间不能超过 10 小时，这是人体健康的负荷量，但我国都市成年男性的工作压力往往持续到 12 小时以上，造成严重的心理负荷。

失落感：对事业、感情等方面的悲观失望，被挫伤的自信等是笼罩着都市男性的挥之不去的阴影。

竞争高压：今天的白领男人生存在时代造就出的严峻竞争之中，不安全和不安定的感觉始终侵蚀人的内心。

家庭危机：由于家庭成员社会价值观的不一致，感情好恶取向不同等都可能造成家庭环境的不和谐，即使是没有理由的情况下，压力也会通过父母、妻儿隐隐的传递到你的头上。

疾病打击：在你承受着压力的时候，身体状态不可能旺盛，疾病随时侵入，又会加重忧虑感，而忧虑又反过来继续破坏着你本来已经非常脆弱的健康，造成恶性循环。

过度欲望压力：如果对权力、金钱心存过多期望，心脑神经系统总处于紧张状态，形成与正常生理节奏不协调的节拍，造成精力透支，早衰不可避免。

轻松解压十法

（1）打盹：学会在家中、办公室，甚至汽车上，一切场合都可借机打盹，只需10分钟，就会使你精神振奋。

（2）想象：借由想象你所喜爱的地方，如大海、高山等，放松大脑；把思绪集中在想象物的"看、闻、听"上，并渐渐入境，由此达到精神放松的目的。

（3）按摩：紧闭双眼，用手指尖用力按摩前额和后脖颈处，有规则地向同一方向旋转；不要漫无目的地揉搓。

（4）呼吸：快速进行浅呼吸，为了更加放松，慢慢吸气、屏住气，然后呼气，每一个阶段各持续八拍。

（5）腹部呼吸：平躺在地板上，面朝上，身体自然放松，紧闭双目。呼气，把肺部的气全部呼出，腹部鼓出，然后紧缩腹部，吸气，最后放松，使腹部恢复原状。正常呼吸数分钟后，再重复此一过程。

（6）摆脱常规：经常试用不同的方法，做一些平日不常做的事，如双脚蹦着上下楼梯。洗浴时唱歌：每天洗澡时，放开歌喉，尽量拉长音调。因为，大声唱歌需要不停地深呼吸，这样可以得到放松，心情愉快。

（7）发展兴趣：培养对各种活动的兴趣，并尽情去享受。

（8）伸展运动：伸展运动可以使全身肌肉得到放松，对消除紧张十分有益。

（9）放松反应：舒适地坐在一安静的地方，紧闭双目，放松肌肉，默默地进行一呼一吸，以深呼吸为主。

八项注意

（1）调节工作节奏，找到一种放松状态；

（2）合理安排作息时间，规律生活；

（3）保证充足的睡眠，不要违反自然规律；

（4）培养良好的心态，凡事向积极的方面想，对困难做好思想准备；

（5）保持平常心态，制订合理目标，胜败不要长存于心；

（6）关照家庭，多多沟通，创造和谐的家庭环境；

（7）大小事情要清楚，豁达面对日常小事；

（8）丰富和发展个人爱好，打破单调紧张的生活氛围。

1. 如何认识自己的心理矛盾

成年人心理发展的主要矛盾，可以概括为以下几个方面：

建功立业时间紧迫与家庭琐事步步缠身的矛盾

成年期是出成果、出人才的大好时期，因此，成年人普遍有一种紧迫感、压力感，希望在这人生最宝贵的黄金时节，能够建功立业，有所成就。然而，随着成年人结婚、生育等家庭生活的步步推进，数不清的家庭琐事也接踵而来，这对于建功立业需求强烈的成年人来说，不能不带来烦恼与焦虑。例如，刚刚当上爸爸妈妈的成年夫妇，既要洗衣、做饭，又要照料婴儿，可谓"马不停蹄"，忙得不可开交，等到孩子长到上学的年龄，辅导孩子学习，操心孩子的品行，自然又少不了成年人的一番心血，当成年人步入"不惑"之年，渴望大干一场的时候，此时也恰恰是他们"上有老，下有小"，家务负担最沉重的时候。可见，如何正确处理好建功立业时间紧迫与家庭琐事步步缠身的矛盾，这确实是成年期心理卫生的一个重要问题。

工作负荷日益加重与职业满意不够均衡的矛盾

成年人年富力强，是各项工作的骨干力量。在生产第一线，成年人发挥着主力军的作用，在教学，科研的岗位上，成年人肩负着"挑大梁"的重任，在其他各项事业中，成年人都义不容辞地分享着工作的重担，挥洒着辛勤的汗水。但是，日益加重的工作负荷与成年劳动者的职业满意程度，并不是自然而然地协调匹配的。由于种种条件的限制或领导者的疏忽，使得不少的成年劳动者，不能完全人尽其才，或者不能得到相应的物质报酬和精神鼓励，这就势必影响到他们的职业满意及其工作积极性。所以，恰当地解决成年人工作负荷日益加重与职业满意不够均衡的矛盾，也是成年期心理卫生的一个不可忽视的问题。

夫妻情感要求更新与爱情调节遭受冲击的矛盾

在成年期，夫妻生活占有重要位置。夫妻生活不仅仅是肉体上的接触和衣食住行的共享，更重要的是情感上的交流和爱情上的更新。诚如鲁迅先生所说："爱情必须是时时更新、生长，创造。"然而，在夫妻之间的实际情感生活中，随着岁月的流逝，常常会发生在爱情调节上遇到困扰与冲击的情况。例如，育儿期间妻子爱的转移（育儿移情），夫妻双方隐私的暴露和争执，夫妇之间性生活的不快和障碍，"第三者"的介入等等，这些困扰与冲击，无疑会造成夫妇之间情感上的不和或危机，严重时还会导致家庭悲剧。因此，妥善处理夫妻情感要求更新与爱情调节遭受冲击的矛盾，对于维系成年人的家庭幸福与身心健康，具有举足轻重的意义。

身体渐衰的矛盾

力不从心与角色多样仍需奉献的矛盾。成年人的社会地位及其多样化的角色，要求他们对社会，对家庭做出较多的奉献。这种责任和义务，是绝大多数成年人都能够理解的，而且随着年龄的增长，这种责任感、义务感会更加强烈。但是，随着中年时期的到来和生理机能的渐渐衰退，特别是到了 50 岁以后，中年人便会逐渐产生一种力不从心的感觉。他们想更多地担当奉献的责任，可那渐衰的机体甚至是抱病的身躯，却给他们带来种种障碍。尤其值得注意的是，中年后期是各种主要疾病的多发期、潜伏期，所以在这一时期最容易诱发心身疾病或埋下隐患。可见，适当解决身体渐衰力不从心与角色多样仍需奉献的矛盾，直接关系到中年期特别是中年后期的身心保健，因而必须引起足够的重视。总之，通过以上对于成年人身心特征及其心理发展的主要矛盾的分析，可以使我们认识到，成年期既值得骄傲，又令人担忧。成熟与收获，自然值得赞美，但困扰与压力，也万万不可掉以轻心。

成年期（包括中年期）存在着大量的心身健康问题，需要人们去关心、去探讨、去解决。所以，在心理卫生的实践中，那种"重两头"（重视儿童，青少年和老年人的心理卫生）、"轻中间"（忽略成年人的心理卫生）的做法，是不足取的。作为"社会中间"的成年人的心理卫生问题，理应引起全社会的关注！

2. 多做有益于减压的健康活动

倒走

如果你经常腰痛，可以在地上倒着走，膝盖要弯曲，同时要甩开双臂均匀地呼吸，每天早上坚持半小时，一两个月后即可以见效。

多活动

有人坐久了站起来，眼睛会突然发花，直冒金星，如果坐时抖抖脚就可缓解。

按摩耳朵

每天清晨起来后及晚上临睡前，用右手过头顶轻轻牵拉左耳27下，再以左手过头顶牵拉右耳27下，如此反复两次，持之以恒，可以使头发不白。

每晚坚持用热毛巾搓耳朵上下轻轻搓摩双耳各40次，毛巾凉了再放入热水浸泡后再搓，这样既能防止感冒，又能治疗感冒。

漱口能按摩大脑

连续漱口5~10分钟，可引起中枢神经系统的兴奋，漱口结束后瞬间分泌出大量唾液会加剧这种兴奋刺激，这些复杂的变化就是一种特殊的大脑按摩，对大脑起到良好的保护作用。

把握生活细节来健身

不想参加体育锻炼的我们，如何取得参加体育活动的效果呢？其实我们身边就有"健身房"。

早上起床前，在床上做猫儿拱脊的动作。起床后，用力伸展四肢，两手十指张开用力伸展，使四肢关节活动舒展，这是一节延伸运动。

刷牙洗脸时，做脚趾抓地活动，吸气时全身放松，直到刷牙完毕。毛巾尽量挂得高些，这样让我们踮起脚尖去拿、挂，有利于伸展身体。

不管在办公室还是在家里，别忘记以下原则：能坐着的不要躺着；能站着的不要坐着；能活动的不要站着。

3. 增进体育锻炼以减轻身心压力

有些人认为参加了某种体力劳动，就无需参加体育锻炼了，其实这是一种误解。

现代运动生理学认为，体力劳动并不等于体育锻炼。它们主要有以下几方面的区别：

经常性从事体力劳动，长期采取几种固定的姿势，这样受到锻炼的仅仅是与此姿势有关的小范围的肌肉，而体育锻炼恰恰可以弥补这种缺陷。

长期从事某种体力劳动，身体对劳动量就已适应，心脏功能并不会因为这种劳动而得到锻炼，而体育锻炼可使心脏功能得到全面的锻炼。

体力劳动往往只是力量的锻炼，而体育锻炼，则不但是力量，还有速度、韧性、耐力等方面的锻炼，锻炼面更为广泛。

体力劳动机械、呆板，而体育锻炼还具有调节大脑功能、健全神经机能和陶冶心理的作用。

体育锻炼不仅可增强体质，还具有防治疾病的作用。即使是有病的人，选择适当的体育项目，可以使疾病早日康复。这一点是体力劳动所不及的。

适当的低运动量的体育锻炼，能消除体力劳动的疲劳。

所以，体育锻炼能比较全面地作用于身体的各个部分，克服体力劳动给身体带来的局限性。

4．使用健身器材缓解身心压力

在很多小区和公园都安有公共健身器，这些健身器受到人们的喜爱。但在锻炼的时候，人们往往随着自己的兴趣选择健身器。

现在的健身器械中练腿的主要有攀登架、高低杠、太空漫步机、跑步机、坐蹬架、健骑机、雪橇板等。人们喜欢挑选一种器械长期练下去，若把它们搭配起来使用，健身效果更好。

（1）先使用漫步机、攀登架、高低杠等。在运动时，热身很重要，若一上来就做高负荷运动，容易伤肌肉。因此应先用漫步机、攀登架、高低杠等器械热身。

（2）用跑步机、健骑机、坐蹬架、雪橇板健腿。跑步机是有氧健身器械，但中老年人不宜使用跑步机，可选用雪橇板、漫步机、健骑机、坐蹬架等。

（3）用扭腰器、秋千做整理运动。运动完后，腿部练习使血液积聚在下半身，肌肉容易疲劳。运动后，用扭腰器转腰部，用秋千活动腿部。如果没有漫步机，可以做原地踏步、散步、做操等运动来热身，再到攀登架、高低杠处压腿。不要一开始就压腿或者用跑步机、健骑机等器械，避免拉伤肌肉。

5. 用静坐缓解身体压力

有一种利用心灵的活动来影响身体健康的方法叫静坐。静坐的目的是使人集中注意力，不被外在的环境所控制。

静坐起源于我们的邻国印度，在遥远的欧美国家非常流行。

静坐的作用

关于静坐的研究很多。不同的静坐方式所起到的效果不同。静坐者的动机和经验，也影响效果。一般静坐的作用分为生理上和心理上两部分。

生理作用。早期的瑜珈行者和禅师们发现静坐会使呼吸次数减少为每分钟4~6次，心跳次数减慢为每分钟约24次，有效缓解肌肉紧张的程度。

有4个月以上静坐经验的人，比只学习一星期放松技巧的人，有明显的心跳减慢现象。当他们在受到刺激时，比没有静坐经验的人，更容易恢复正常心跳。

静坐还减低氧气的消耗量，增加皮肤的抵抗力，减少皮肤的带电量，减少血液中乳酸盐的成分，减少二氧化碳的产生，促进手、足的血液流通。

心理作用。静坐能够减低焦虑，增加情绪控制能力，改进睡眠状况。在面对压力时，静坐能够减少头痛、害怕和恐惧的程度。静坐者能够更有效地管理压力，带来很多正面情绪。

怎样静坐

我们可以花昂贵的学费学习静坐，也可以自学。自学时首先找个安静的地方。对静坐熟练以后，任何地方都能静坐。

我们可以在房间里放一个东西，看着它约 5 秒钟，其他东西都当作"背景"，而我们所注意的东西是"主题"。

集中注意力的静坐就是集中注意力在主题上，忽略背景。流畅注意力的方式，就是让主题和背景融为一体。

对初学者来讲，除了找安静的地方之外，还要找适合的椅子。为了防止睡着，找一张直背的椅子，把腰挺直。

坐上椅子上，双脚略向前伸，超过膝盖，双手放在扶手上，全身的肌肉尽量放松。闭上双眼，吸气的时候在心中默念"1"，吐气时默念"2"，要自然地吸气、吐气，坚持 20 分钟。如果感到不舒服或者头昏眼花，或者有幻觉的干扰，停止静坐就可以了。

静坐的注意事项

每天静坐两次，每次 20 分钟，一般在起床后、晚餐前做。

静坐能够降低新陈代谢，要避免饮用含咖啡因的食物，抽烟和刺激性药物也要避免。

头不要垂下来，应靠在背上。垂头会使得头部和肩膀的肌肉绷紧，无法达到肌肉松弛的目的。

在静坐过程中，停一两次看表不会影响静坐效果。如果静坐次数多了，会产生 20 分钟的生物时钟。

不要用闹钟。闹钟声音的刺激太大，最好也把电话关机，不要被电话声惊吓到。

你会想到许多杂事无法专心注意呼吸，不要怪自己，这是很正常的，只要恢复到吸气时默念"1"，呼气时默念"2"就行了。

人们往往急着结束 20 分钟的静坐或者思考其他问题。也许我们有许多事情很棘手，那么就等静坐完后再去做吧！在静坐时，要尽量放松，最好忘记它们！

切忌在饭后静坐，吃完东西后，有大量血液流往胃部。静坐血液的循环差，难以达到放松的目的。

静坐后，应使身体逐渐恢复正常的状况。慢慢地睁开眼睛，看房间中的某个东西，再慢慢地看其他地方。做几个呼吸，伸伸腰，站起来。静坐后不要立即站起来，在血压和心跳都很慢的情况下，突然站起来容易产生昏眩的现象。

6. 预防神经衰弱减轻身体压力

起先认为神经衰弱就是神经的能量的减低，但没有能进一步说明。后来的研究者认为这种能量的减低一方面与素质因素有关，另一方面也与劳累过度或长期的情绪紧张有关。

我国精神病学界一般认为，神经衰弱的病因与素质及环境因素有关，后者包括工作学习过分紧张、生活缺乏规律以及长期的情绪矛盾等。

神经衰弱的症状表现繁多，几乎涉及所有的器官系统。归纳起来，主要表现有精神疲劳、神经过敏、失眠、疑病、焦虑和忧郁。

尽可能照顾好病人的生活。注意保持清洁卫生，督促病人保持与周围环境的必要接触，鼓励参加力所能及的劳动和文娱活动，尽可能多与患者交谈。

忌食辛辣食物、肥甘厚味及烟酒等。

预防神经衰弱的食疗方有：

猪脑山药汤：山药、丹参各 15 克，猪脑髓 1 具。共入砂锅内加水炖煮，调味服食。隔日 1 次，常食之。

核桃补脑蜜饯：核桃 1500 克，去壳炒熟，用适量多瓶装备用，每日适量食之。

7. 正确处理竞争的心理

竞争可以克服惰性，促进社会的进步和发展。竞争让人们满怀希望，朝气蓬勃。这是一种健康的心理。但是，竞争也容易使人在长期的紧张生活中产生焦虑，出现心理失衡、情绪紊乱、身心疲劳等问题，尤其对失败者，由于主观愿望与客观满足之间出现巨大差距，加上有的人心理素质本来就存在不稳定因素，则会引起他们消沉、精神变态，甚至出现犯罪或自杀。那么，在充满竞争的现代社会里，如何才能扬长避短，保持心理健康呢？

首先，应该对竞争有一个正确认识。我们知道，有竞争，就会有成功者和失败者。但是，关键是要正确对待失败，要有不甘落后的进取精神。

其次，对自己要有一个客观的恰如其分的评估，努力缩小"理想我"和"现实我"的差距。在制定目标时，既不好高骛远，又不妄自菲薄，要把长远目标与近期目标有机地统一起来，脚踏实地一步一个脚印地做起，这样才有助于"理想我"的最终实现。

再者，在竞争中要能审时度势，扬长避短。一个人的需求、兴趣和才能是多方面的，如果在实战中注意挖掘，那么，很可能会造成"柳暗花明又一村"的新局面。这样不仅能增加成功的机会，减少挫折，而且会打下进一步发展和取胜的好基础。

当然，成功了固然可喜，失败了也问心无愧，如果从中悟出了一番道理，或者在竞争中学到了知识，增长了才干，那么这种失败或许更有价值，谁能说它不是明天成功的起始呢？

8. 成年期怎样进行心理保健

成年期心理卫生的课题主要包括：

个体身心的自我保健

这方面的具体任务包括：早衰心理的积极防范，过高负荷的主动调整，饮食状况的妥善调理，休闲时间的合理利用，紧张情绪的适当松弛等等。

角色的转换及其角色适应

这方面的具体任务包括：成熟者角色的扮演及其职业适应，配偶角色的扮演及其新婚生活的适应，父母角色的扮演及其中年家庭生活的适应，"社会主角"的扮演及其社会生活的适应，退休前的角色扮演及其相应的心理适应等。

家庭气氛的不断调整

这方面的具体任务包括：夫妻矛盾的调和与爱情关系的更新；婆媳障碍的清除与婆媳关系的改善，姑嫂冲突的化解与亲朋关系的疏导，亲子距离的调节与亲子关系的把握等。

更年期的稳妥过渡

这方面的具体任务包括：更年期生理变化的正确认识，更年期疑病状态的预防或克服，更年期的夫妻关系及其相互调适，更年期的情绪困扰及其有效排解等。

9. 形成良好的生活节奏以减轻压力

成年人工作紧张，家务繁重，难得有轻松和消遣的机会。就像有的成年人所概括的：匆忙的工作日，"战斗"的星期天。然而，越是在这样的情况之下，越应当注意生活节奏的调控问题。否则的话，弦绷得过紧反而容易断开，人过于紧张、劳累而身心易损。

形成良好的生活节奏，首先要求成年人在工作之余，要适当地进行运动、锻炼。达·芬奇曾说："运动是一切生命的源泉。"运动和锻炼，不但可以强壮身体，而且可以健心益智。从生理上来说，有规律的运动，如跑步或打球，能够提高中枢神经系统的反应能力，增强肌肉活力，改善心肺功能，促进新陈代谢，延缓机体衰老；从心理上来说，则可保持或提高感知与思维的敏捷性、灵活性，获得愉快的情绪体验，缓冲心理负荷，增进心理健康。业余运动、锻炼，不仅为脑力劳动者所必需，而且对于体力劳动者也有好处。因为职业体力劳动，往往偏重于机体某一部位或某几个部位的活动，这种体力劳动虽有较大的活动量，但不能满足机体各部分的协调运动和整体锻炼。所以，体力劳动者在工作之余，进行一些全身性的运动项目，如健身操等，对于调节心身功能，增强心身素质，有益无弊。

形成良好的生活节奏，还要求成年人在星期天、节假日，要挤出时间去消遣娱乐。关于消遣娱乐，有的成年人认为，这是孩子们的事，或者老年人的事，似乎百忙中的成年人去游乐玩耍，多少有点儿"不合时宜"。其实，这种看法是片面的。利用星期天、节假日，成年夫妇带上孩子，或去爬山，或去戏水，或去赏花，或去览胜，这些赏心悦目的娱乐活动，既有松弛身心，陶冶情操之功效，又有寓教于乐、密切家庭关系之妙用，何乐而不为呢？对于成年知识分子来说，适当地进行消遣娱乐，也是防止创造力衰退、捕捉灵感的有效手段。据很多科学家回忆，他们的创造灵感，有时并不是在苦苦思索中获得的，而是在长期思索后的暂时松弛状态，即在消遣娱乐中获得的。例如，法国著名数学家彭加勒曾回忆道："一天，在山岩上散步的时候，我突然想到，而且想得又是那样简洁、突然和直截了当，不定三元二次型的算术变换和非欧几何的变换方法完全一样。"这说明，成年知识分子要想取得创造性的成果，一定不能忽略消遣娱乐这一环节。而对从事体力劳动的成年人来说，闲暇之时多参加一些耗用脑力的活动（如读书，学科学，学文化），这也是一种调剂身心的积极手段。

10. 增加积极情绪体验以减轻压力

成年人处事繁杂，苦恼颇多，很容易陷入不安和抑郁的状态之中。萨克斯认为，成年期特别是成年中期，是抑郁与不安的危机时期，而且带有全球性的色彩。这种说法虽有些过分，但也道出了成年期情绪保健的重要性。

成年人情绪的自我保健，最重要的是要不断地增加情绪体验的积极方面，也就是说，要学会运用积极的情绪体验，来战胜或驱除那些不愉快的情绪骚扰。例如，当我们在工作中遇到挫折或受到无端讽刺的时候，可以尽力克制自己的不悦，并阅读一些名人传记。从那些名人的不平凡遭遇中，我们可以领悟到经验，挖掘出智慧，激发起热情。就像我国的现代政论家邹韬奋，在《不相干的帽子》一文中诙谐地讲的："我认为挫折磨难是锻炼意志增加能力的好机会，讲到这一点，我还要对千方百计诬陷我者表示无限的谢意！"试想，有了这样的一种胸襟和气度，还愁那些不愉快的情绪骚扰继续折磨人吗？再如，当夫妻之间因为某件小事红了脸、不愉快的时候，可以听一听《梁山伯与祝英台》等爱情名曲，或者吟诵几首千古流传的爱情佳句，这种情绪上的自我调整，也有助于烦恼的消除和积极情绪的产生。

增加积极的情绪体验，除了可以用上述方法进行情绪调整之外，最根本的还是要树立辩证唯物主义的世界观和方法论，这是情绪调控的精神支柱。运用唯物辩证的观点观察事物，分析问题，你可以发现：矛盾普遍存在，挫折不可避免，情绪困扰的产生也是十分正常的。问题在于，应该如何来认识矛盾？如何来对待挫折？如何来摆脱困扰？借助于辩证唯物主义这一锐利的思想武器，我们就会找到化解矛盾的钥匙，对待挫折的方法，摆脱困扰的途径。这样，我们在情绪上的认知调控，也就从根本上有了保证。

11. 防止早衰和疑病以减轻精神负担

随着步入中年，人们生理上出现一些衰退，这本来是正常的事情。但是，有些中年人却把这种生理上的衰退看得过重，在心理上产生很大的负担。有人对镜梳发，见鬓角渐白，不禁愁绪万千，时常发出"青春已去万事空"的感叹，有人体力渐退，易感疲劳，生机活力不如从前，于是担心暮年将至，似乎年老无用的可怕情景很快就要来临。这些都是心理早衰的典型反映。我们知道，人的身心是相互作用的。心理上的早衰，势必会影响到生理过程，从而有可能加速生理上的衰退，而随着年龄的增长，却始终在心理上保持青春活力，那么就有可能延缓生理上的衰退。因此，四、五十岁的中年人，千万不可在心理上过早地产生衰老感。这是自我心理保健很重要的一环。

人到中年，容易受到多种疾病的侵扰，这是客观事实，因而增强防病意识，加强体质锻炼和健康检查，防患于未然是很有必要的。不过，有些中年人的防病意识过于强烈。他们深恐绝症缠身，有点不舒服就大惊小怪，甚至把正常的体质衰退也视为"大祸临头"，这种疑病倾向极为有害。疑病倾向的确是中年人身心保健的一个大敌。所以，既要增强防病意识，又要严防疑病倾向，这种自我心理保健上的辩证法，是值得每一个中年人去研究的。

12．更年期心理的调控方法

更年期是指从中年迈向老年的过渡时期。由于女性的更年期适值绝经前后，因而又将女性的更年期称为绝经期。

妇女的绝经期通常在 45 岁至 50 岁左右。在这一时期，女性的卵巢功能开始衰退，月经周期逐步延长，经血量渐渐减少，直到月经最终停止。一般而言，妇女在绝经的过程中，或多或少都有一些身心上的不适。例如，潮热，出汗，刺痛感，阵发性头晕，疲倦，易激动，失眠，多虑，烦躁，易怒等。这些身心不适，只要适当地加以调理，就能逐渐减轻并消失。然而，有些妇女在绝经期间，心理负担太重，精神压力过大。她们缺乏更年期的心理准备和必要的知识，一旦出现不适，就觉得惊恐万状，甚至到处求医问诊，自充"患者角色"。这种不良的精神状态，若不及时地进行调整，势必会加剧更年期的困扰。

可见，绝经期的妇女要想稳妥地度过更年期，一定要对更年期的身心保健常识有必要的了解，并应努力消除恐慌心理和疑虑惧怕，积极增强自我调节、自我控制的能力。有的妇女是这样来认识更年期的心理变化的：30 多岁时自己忙于家务，难得轻松，40 多岁时，虽有更年期的烦恼，但此时孩子已经长大，家庭牵累减少，这是自己的幸运，过了更年期，自己可以轻松愉快地去做个人想干的事了，这意味着一个人的第二个"青春期"即将来临。有了这样一种积极的人生态度和心理状态，更年期的心理困扰，自然可以较好地排除。

当然，妇女在更年期如果出现明显的异常反应，还是应当及时取得医生的诊断、指导和治疗帮助的。此外，家庭成员和社会有关方面对更年期妇女的关怀、体贴和适当照顾，也有助于更年期妇女的身心调适和顺利过渡。

男性的更年期，一般发生在50岁之后。其主要特征是，睾丸缩小，分泌睾丸酮的功能下降，性机能和性欲望减退，并伴有一些身心上的不适。例如，神经过于紧张，头痛，眩晕，失眠，情绪不稳定，易疲乏，注意力不易集中，记忆力明显减退，缺乏兴趣，感到孤独等。当然，并不是每个男子在更年期都会出现上述症状。事实上，许多男同志是在不知不觉中度过更年期的，他们并没有感到什么明显的不适，因而男性更年期的问题历来不如女性受重视。但男性更年期的身心变化还是客观存在的，因此也不能忽略这方面的问题。

男子更年期的心理调控，除了要解决思想认识和情绪上的问题之外，还应注意起居有常、饮食有节、劳逸适度等问题。人是万物之灵，人的意识可以对人的行为起到调节、控制的作用。所以，经过个体的积极调控，男性更年期的心理困扰，一定能够得到有效排除，平稳地度过更年期的任务，也一定能够顺利完成。

13. 退休前的心理准备

这个问题过去很少引起人们的关注。人们只注意到老年人退休后的难以适应，而对与此相联系的退休前的心理准备问题，却缺乏必要的研究和探讨，这一缺憾显然应当尽快弥补。

从我国目前的实际情况来看，很多老年人退休后的适应困难，来自于退休前的缺乏准备。特别是那些事业心较强的人，退休前一心想的是工作，对于退休后应该怎样生活，他们似乎没有时间考虑，也不愿意提前考虑。而在退休之后适应最困难的老年人中，这种人又占绝大多数。从心理卫生的观点来看，无论什么背景的中年人，临退休前都要有一定的心理准备，这既是人生转折的客观需要，也是维护心理健康的必由之路。

做好退休前的心理准备，主要应注意这样几方面的问题：

（1）要对退休后的角色转变有提前安排。临近退休的中年人，应对自己未来角色的转变有清醒的认识。一方面，要从国家的大局、集体的大局出发，努力为自己的角色转变物色合适的接替人选，另一方面，要提前做好角色转变的"交接班"准备，力求把自己多年来积累的人生经验和职业技能，提前传递给即将接班的中年人。实践证明，这种角色转变前的提前安排越有序、越出色，对老年人退休后的角色适应越主动、越有利。特别是那些担负重要的领导角色，即将离开工作岗位的人，这一点显得尤其重要。

（2）要适当注意兴趣、爱好的拓宽和更新。人在年轻时，兴趣、爱好比较广泛。成家立业后，繁重的工作与家务，常常迫使人们缩小兴趣范围，以便集中精力应付所面临的矛盾和问题。到临近退休的年龄，一个人在事业上已有所成就，儿女们也已长大成人，并大多有了自己的小家庭。在这种情况下，适当地拓宽兴趣范围，"重操旧业"或发展某些新的兴趣、爱好，如书法、绘画、音乐、盆栽等，不仅是有可能的，而且是非常必要的，因为这对于退休后的生活适应大有好处。有的老年人在退休前没有做好兴趣方面的准备。他们的"重操旧业"或兴趣、爱好的更新，是在经历了"退休打击"后不得已而为之的，这样就显得十分被动。因此，临近退休的中年人，一定要对这个问题有所预见、有所准备，这样才能在退休之后，愉快地转入新的生活。

（3）要重新认识和调整夫妻生活。临近退休的中年人，已经度过更年期的困扰，即将迎来幸福的晚年，在这人生转折前的重要时刻，重新审视一下夫妻关系，并对夫妻生活进行必要的调整，是一件十分有意义的事情。一般来说，经过几十年的同床共枕，夫妻之间的感情已相当牢固。诚然，在夫妻关系的发展过程中，可能有波折，甚至有痛苦，但这道道难关险阻毕竟一个一个闯过来了。这时的中年夫妇，把镜观容，不免皮皱颜衰，自有一番感叹，但此时此刻夫妻之间在心灵深处的理解更加默契，情感上的依恋也更为浓烈。有的中年夫妇甚至产生这样的愿望：是该"重新恋爱"的时候了！

应当说，这种愿望是一种夫妻关系的新的升华，是值得称道与提倡的。如果每一对临退休的中年夫妇，能以不同的方式恢复年轻时的情爱吸引和依恋，或漫步于花丛，或相偎于月下，那么，这种"青春恋情"的复苏，一定会有助于退休时的情绪稳定以及退休后的生活适应。

14. 紧张状态的自我调节方法

学习、工作与生活节奏的日益加快，大大加剧了人们的紧张状态。当人的紧张状态达到一定的强度，超过人的生理、心理负荷的时候，往往会给人的身心健康造成威胁。

现在要讨论的是，采取什么样的自我调节措施，可以缓解人的过度紧张状态，以利于人的身心健康？对这个问题，国内外学者已经进行了广泛的探讨，并且在实践中逐步摸索出一些行之有效的方法。下面，便概括地向读者介绍几种常见的方法：

认知调整

人的过度紧张状态，通常是由于内在的精神压力造成的。高度的社会责任感，强烈的竞争意识和求胜心理，过高的期待水准等等，都在无形中助长着人的精神压力。因此，要想缓解人的过度紧张状态，首先必须对个人的认知过程加以调整。

要学会用辩证的观点思考问题。无论办什么事，确定什么样的奋斗目标，都应当留有充分的余地，做两手打算，这样才有利于人的心理平衡。工作中一旦遇到挫折，切不可看得太悲观，要从挫折中看到光明，在失败中积累经验。对个人的认识需贵有自知之明，既不失于自卑，也不盲目自信，更不无端自傲，这对于保持心态的稳定十分重要。在竞争的问题上，最重要的是同自己竞争，而不单单是同别人争高低、比输赢。只要自己尽了最大的努力，同个人的过去比，有所长进，有所提高，就应当视为成绩，为之高兴，为之振奋。

总之，认知调整的关键，是把个人的认识置于现实的土壤中，一切从实际出发，实事求是，能够用全面的、辩证的、发展的观点对待自己，认识别人，这是摆脱心理压力，缓解精神紧张的根本。

放松训练

这是采用肌肉松弛技术逐步缓解身心紧张的一种方法。这种方法最初为美国学者雅各布森首创，现在已风靡全世界。北京师范大学心理系副主任郑日昌教授，采用放松训练技术，帮助高考的学生减轻考试压力，取得很好的效果。其他应用实践也证明：放松训练有助于增强机体的能量水准，缓解情绪紧张，消除身心疲劳，增进工作效率，因而是一种值得大力推广的自我调节方法。

放松训练的基本步骤是：遵循由下至上的原则，先从脚趾肌肉的放松开始，然后依次进行小腿肌肉的放松、背部肌肉的放松、肩部肌肉的放松、臂部肌肉的放松、颈部肌肉的放松，最后进行头部肌肉的放松。整套放松训练，每进行一次约需 30 分钟。

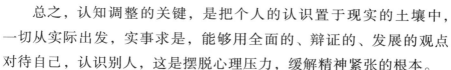

在进行放松训练时应当注意：训练用的房间要尽可能保持安静，所坐的椅子或沙发要大小合宜，舒服适用，整个放松过程中，切忌吸烟、吃零食等多余动作，练习时间以午饭后一小时或晚间临睡前为宜，放松训练必须坚持几周或数月，才能收到明显的效果，其间一定不要间断，以防功亏一篑。

娱乐休息

娱乐休息是缓解紧张状态不可缺少的方法与措施。在实际生活中，我们看到，有些人夜以继日地将精力集中于某项工作，弦绷得太紧，一时一刻得不到放松。这样做，在短期内尚可维持，长此以往则必定会因过度紧张而精疲力竭，甚至还有可能诱发疾病。所以，一个真正会工作的人，既懂得时间的重要，又深晓休息的意义，将这二者有机地结合，恰是心理健康的"诀窍"之一。我国东晋时的道教理论家、医学家葛洪认为，"劳而不休则蹶，精用而不已则竭。"美国当代著名的实业家福特，也说过一句类似的话："只知工作而不知休息的人，有如没有刹车的汽车，极其危险。而不知工作的人，则和没有引擎的汽车一样，没有丝毫用处。"愿这两句名言，能给那些终日劳作不肯休息的同志以启迪和告诫。

15. 如何控制心理的"压力阀"

如果总是抱怨现代生活的压力太大，自己快被"逼疯"了，请立刻停止这样的想法，因为我们心理的"压力阀"就操在自己手上，是我们而不是别人在控制给自己"加压"还是"减压"。在同样的负担下，谁的心理和身体更健康，取决于谁更善于控制这些"压力阀"。我们发现，能保持健康是一种才能。

情绪管理

对情绪的处理有三种方式：压抑、放任和恰当地表达。前两种是"加压"的方式。"减压"的方式就是恰当地表达情绪。

对问题的态度

遇到问题是绕开走、拖拉、依赖他人、犹豫不决还是勇敢面对、立即行动？前面的选择在短时间内可以减轻自己的压力感，后面的选择是长远的减压方法。

对自我的态度

我们可以选择自信、自尊或自卑的态度。自信的态度是"我能行"，它让我们很少担忧、怀疑、犹豫不决，让我们更可能成功；自尊的态度是"我知道自己的价值"，它让我们不必担心别人对自己的看法，不必为别人的批评感到愤怒或惶恐不安；自卑的态度是"我无能为力"、"我是受害者"、"我比不上别人"、"我毫无价值"，它让人面对问题时回避和担忧、压抑自己的情绪，抱怨和牢骚，自我孤立、内疚……显然，自卑的态度会给自己"加压"。

对他人的态度

合作、分享、互爱、互相尊重的态度可以让自己获得他人的赞许、关心、支持、帮助和爱。自我中心将导致社会适应及人际关系上的重大压力。自我中心有不同的类型：

（1）自我重要型（"没有我地球就不转了"）。大包大揽，耗尽崩溃。

（2）自恋型（"谁也比不上我"）。控制、指责、攻击他人，被他人孤立。

（3）焦虑型（"别人都盯着我的毛病"）。退缩、依赖、害怕失败，结果是失败、受伤害。

（4）虚荣型（"看着我"）。轻浮、浅薄、虚伪，令人厌烦。

目标和时间管理

认清自己的目标和掌握时间管理的方法，能够产生满足感、控制感，减少心理冲突，减少压力。

成就动机

成就动机过高，使自己想"我必须成功"，"我必须出名"。这些想法就是给自己"加压"。"减压"的想法："我尽力而为"，"我乐在追求的过程中"。

思维方式

主观、片面、绝对化地评价事物，要么给自己带来坏情绪，要么使自己产生过分夸大的自我意识。

生活方式

休息、饮食、娱乐、运动都是有利于心理健康的方式。

16. 女教师如何摆脱健康误区

我们的身体不是一个取之不尽的能量仓库，即使一个聪明女人，以下的诸多健康误区也会发生在身边。

不了解自己的家族病史

有人知道自己的祖父母、外祖父母死于何种疾病吗？很多如：糖尿病、心脏病以及某些癌症都会遗传。了解家庭成员的病史能帮助自己提前关注相关脏器的健康。实际上很多恶性疾病如果及早发现，治愈机会还是很大的。

整天工作，没有休息

长时间从事一种工作会让人感到无聊，而无聊恰恰让身体感到

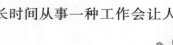

疲惫。每天都应该尽可能地为自己找点儿乐，例如：看看笑话，翻翻休闲杂志，给好朋友打个电话。让自己偶然做做白日梦等一些能让自己轻松的事情。

健身房里的马大哈

最好准备专门的健身软底鞋或厚棉袜，因为潮湿的健身房地毯很容易隐藏和滋生细菌，如足癣和足底疣。类似的还有公共更衣室和泳池的拖鞋，虽然都已消毒，但还是穿自己的最保险。

经年不变的避孕方式

避孕方法应随着身体状况的改变而改变。即使比较习惯目前的避孕方法，也要在体检时向医生询问是否仍适合自己现在的状况。五年前常用的避孕药未必仍适合现在的身体。

超负荷的卫生棉条

在量少的日子里也许会忘记体内卫生棉条的存在。长时间不更换棉条容易导致阴道炎症以及其他妇科疾病。卫生棉条的最长负荷时间是 8 小时，所以睡前务必要更换棉条。

牙线会让牙缝变宽吗？

这种担心是多余的，实际上，由于牙线质地很软，所以比起牙签来更不会伤害牙齿。一般的，一天使用一次牙线就够了，但如果你的牙齿稀疏，就必须随身带着牙线。每次进食完用牙线清洁时，尽量使牙线到达牙缝深处，进入龈沟底，以清洁龈沟区，但注意不要用力过大，以免损伤牙周组织。

做爱后不及时"排空"

做爱之后最好养成排尿的习惯，这样可以降低感染泌尿系统疾病的几率。而且，带着饱满的膀胱入睡也不利于美容，第二天早晨睡醒后很可能成了个肿眼泡。

锻炼模式一成不变

如果多年不改变锻炼模式，很容易造成经常锻炼的那部分肌肉劳损，而没有运动到的肌肉一直被忽视。长此以往，很可能使身体不成比例地发展。而且，从心理上看，时常变换锻炼方式不仅使锻炼更加有效，而且更有新鲜感，也更容易坚持。

高跟鞋的美丽错误

高跟鞋问世以来一直备受女性的青睐。但鞋跟在 7 厘米以上的高跟鞋使人体重心自然前移，给膝关节造成了压力。研究发现：膝部压力过大是导致关节炎的直接原因之一。另外，如果身体重量过多集中在前脚掌上，趾骨也会因为负担过重而变粗。科学证明，过高的高跟鞋还是跟腱和脊椎骨变形的罪魁。据统计，喜欢穿高跟鞋的英国妇女中有 62% 的人都患有不同程度的上述疾病。

呼吸太浅

人们平时的呼吸总是太浅。这样血管里含的氧气水平就低于二氧化碳水平，人因此而感到疲惫。如果血液中氧气不足，就会心跳加速、血压升高。这对人的身体是很不利的，所以应该每天多做几次深呼吸。

长期用冷水刷牙

资料表明：人的牙齿最适应 35℃～36.5℃的温度，如果经常用冷水刺激牙齿将导致牙龈出血、牙髓痉挛或其他牙病的发生。

牙齿的寿命平均比人的寿命短 10 年以上，根源便出在"凉水刷牙"的习惯上。

忽视常规妇科检查

最新医学报道发现：近 5 年，及早发现的宫颈癌死亡率降低了 70%。妇科癌症初期症状很容易被忽视，所以，定期妇科分泌物检查很重要。医生建议所有 *18* 岁以上的女性，特别是已有性经验的女性，每年至少要进行一次妇科常规检查，其中包括分泌物化验和盆腔检查。

忘记更换牙刷

服役过长的牙刷刷毛变形，不但不能有效地清洁牙齿，还经常戳伤牙龈。牙刷的最长使用期限是半年，口腔医生建议：*3* 个月更换一次牙刷。

疏忽健康保险

20～35 岁的女性一般健康状况较好，容易忽视健康保险。而此间一旦出现紧急情况就难以应付。所以未雨绸缪就显得尤其重要了。建议选择保费较低的纯保障型寿险附加住院医疗、预防癌险等险种，保金额度占年收入的 *7～10* 倍、总保费支出占收入的 *1/10* 左右比较合适。

对"高蛋白减肥法"的误解

一种比较流行的减肥观念认为：蛋白质和碳水化合物混合后会在体内滞留较长时间。如果只摄取一种，就会减少在体内滞留和被吸收的时间，从而达到减肥的效果。孰不知碳水化合物是身体能量的主要来源，如果缺乏会导致疲劳和脱水，提供丰富维生素和纤维的蔬菜和水果也不可或缺。无论用什么方法减肥，都必须保证每天摄入的谷物、蔬菜和水果占到总摄入量的 *55%* 以上。

只在用餐前洗手

很多专家认为，最有效的减少疾病的方法就是勤洗手。仅在餐前洗手显然是不够的，去过卫生间，打喷嚏、咳嗽和擦完鼻涕以及抚摩完小动物后都应及时洗手。

体重增加

如果自己忽然重了 *2.5* 千克，那么一定比从前更容易感到累。

多余的体重也给心脏增加了负担和压力。除了定期锻炼外，还要注意健康饮食，少吃垃圾食品。因为每减掉一千克赘肉，就为自己的身体减轻了一千克多余的负担。

身体总处于缺水状态

身体轻微缺水会导致疲劳，因为缺水时血流量减少，而这时心脏不得不增加跳动的次数和力度以确保有充足的供血量。所以，不要等到口渴的时候才喝水，因为当一个人感到口渴时，身体已经失去了 2% ~ 3% 的水分。平时吃饭的时候也应该多喝汤，或吃些高水分的水果和蔬菜，以便每天确保 8~9 杯水的摄入量。

"从一而终"的床垫

我们经常更换床单和枕巾，却容易忽视床垫的清洁。每个季度要清理一次床垫，每年至少要有一次把床垫晾晒 2 小时。床垫脏了，要用肥皂和清水洗涤，不要用汽油或清洁剂。而且每使用半年后要将床垫的前后位置调换一下。

香水造成的美丽伤害

香水中的檀香油、麝香和柠檬香及酒精等化学成分，在阳光照射下可能分解出有害物质，使皮肤灼痛、出疹甚至发炎。所以在喷香水时尽量避免直接喷在皮肤上，喷在衣服上也同样可以香气袭人。

乌烟瘴气的晨练

如果每天在交通拥堵的马路上晨跑，还不如在室内多睡一会儿。研究证明，长期吸入汽车废气，会使肺活量降低 20%，还可能导致哮喘、肺气肿。现在你可以每晚收看空气质量预报，如果污染程度是中度以上，即使在远离马路的公园也不适于晨练。

不稳定的体重

每天测体重是个好习惯，可是为什么体重总无缘无故地发生变化？原来体内水分的变化使体重在一天中有 1～3 千克的增减幅度。也许增加的 1 千克是因为刚刚喝完的那壶茶。所以每天固定在早晨刚起床后尚未进食时测出的体重是比较准确的。

旧情难舍运动鞋

胫骨痛和跟腱劳损只是老运动鞋可能造成的损伤之一，一双跑步鞋的服役极限是 500 千米，而体操鞋 6 个月就该退休了，因为它们已经失去了原来的保护能力。

特殊日子的暴躁女司机

女性的生理期也会影响驾驶安全。因为经期的女人脾气比平日更暴躁易怒。驾车需要长时间保持一种坐姿，而且要求精力集中，这样就使生理期的反应更加严重。此时应该多吃些含铁丰富的食品，在车里播放轻松悦耳的音乐，并注意保暖，避免长时间驾驶。如果实在反应剧烈，就先告别驾驶座吧。

忽视早餐

有些人不吃早餐，因为他们早晨起床后感觉不饿。这也是一个很不好的习惯。科学的进食原则应该是：早餐要吃得像个国王，午餐要吃得像个王子，晚餐要吃得像个乞丐。所以早餐不仅要吃，还要吃得丰盛。

习惯跷二郎腿

最近，美国医生发起"让妇女们放下二郎腿一天"的活动。原因是太多长期久坐的职业女性们都患有不同程度的下背痛，直接原因就是跷二郎腿的坏习惯。根据调查发现：长期跷二郎腿还容易引起弯腰驼背，造成腰椎与胸椎压力分布不均，长此以往，势必压迫脊椎神经，而且跷二郎腿还会妨碍腿部血液循环，造成腿部静脉曲张。所以，还是赶紧把二郎腿放下来吧！

运动过量

每天抽出 5 分钟锻炼也比一个月或几个月疯狂运动一次好。减肥的愿望是可以理解的，但身体也同样需要时间的适应和调整，关键不在于一共运动了多少，想拥有完美的体形，贵在坚持。而且运动过量还会造成肌肉受伤。

五分熟的牛排味道鲜

制作牛肉饼的细牛肉末最容易隐藏沙门氏菌和大肠杆菌，而消灭这些细菌要达到 160 摄氏度的温度。据查，我们吃的汉堡包中的牛肉饼只有 5 成达到了这个温度。如果你是牛排爱好者，而且只吃 5 分熟的话，还是牺牲一下口福吧。除了牛排之外，同样需要注意的还有海鲜和生蛋，最好加热到安全的温度再放心食用。

不知道胆固醇水平

多数人知道自己的血压、心率，可是却不清楚胆固醇水平。就像广告中所说的："高血脂不是老年人的专利"。即使自己平时有运动的习惯，也很注意饮食，还是有可能患上高血脂。因为体内的胆固醇只有 20% 来自饮食，另外遗传也是很重要的原因。

不注意乳房自检

乳腺检查的最佳时间是两次月经之间。首先熟知自己正常乳房的外观很重要，在充足的采光下察觉两侧的乳房是否匀称，乳头及乳房是否有凹陷、红肿或皮肤损害。然后从乳房上方开始，用指腹按顺时针方向紧贴皮肤做循环按摩检查，要检查整个乳房直至乳头。用食指、中指和拇指轻轻地提起乳头并挤压一下，仔细查看有无分泌物。

用饮料送服药物

我们很早就知道不能用茶水服药，因为茶叶中的化学元素可能影响药效，其实饮料也有同样的问题，比如葡萄汁、可乐和咖啡。最好的服药方法还是用温度适中的白开水。

直接试用柜台的化妆品

化妆品柜台的唇膏已被上百人试过，如果在试用时不注意，就很可能染上疾病。无论是口红、眼影、睫毛膏等等，还是在手背和手腕上试用比较安全。

不了解叶酸

叶酸是维生素的一种，对胎儿神经管形成至关重要。育龄女性在决定要宝宝之前就应补充适量的叶酸，最好每天补充 400 毫克，怀孕期间的妇女则要增加到 600 毫克，哺乳期妇女每天 500 毫克。蔬菜、豆类、橙汁和坚果中都含丰富的天然叶酸。

很久没有全面体检

很多疾病在萌芽时期的表现都不明显，每年定期体检可以帮助人们及早发现、及时治疗。医生的建议是：至少一年一次骨盆检查、分泌物涂片检查、临床乳房检查和性病检测；至少两年一次血压检查和皮肤检查；至少 5 年一次胆固醇和眼部检查。

不知道如何与医生交谈

懂得如何与医生交谈能更快让他了解自己的病情。比如自己经常头痛，除了记下是从何时开始、每次持续多久等症状外，还应尽量记录最近的体温变化、生理周期是否正常等。自己提供的信息越多，越有利于医生诊断我们的病情。

很久不曾开怀大笑

激烈的竞争使现代生活充满了压力，大笑是减缓压力最自然、最有效的方式。10 年前科学家发现人体每天都生成 3000 多个癌细胞，还有 50 亿个能及时消灭癌细胞的"杀伤者细胞"。刚刚大笑完的人体内杀伤者细胞会明显增加，真可谓是"笑"益显著。

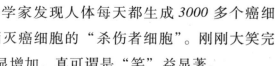

冷漠的办公室气氛

工作本身的压力就足以让人感到紧张了，如果我们与某个同事相处关系不妙，甚至成了死对头的话，那办公室气氛就更加压抑。与其花费时间去贬低对方，不如冷静下来把关系理顺。一个和谐的工作气氛不但让我们心里感觉舒服，对工作效率也会有所促进。

不给自己"情绪化"的机会

从心理健康的角度来看，长期积压怒气会影响身心健康，怒气长时间得不到排解就可能变成忧郁情绪。一个懂得如何发脾气、正确发泄自己不满的女性才是一个心理成熟、健康的女性。喜怒哀乐本是人之常情，没有理由强迫自己控制情绪而忽视甚至是否定自己的感受，关键在于找准渠道。

只去健身房锻炼

很多人都想抽时间去健身房锻炼，但由于工作和社交的忙碌总不能保证时间。其实平时我们在工作中只要稍加注意，就能预防很多缓慢形成的疾病，颈椎病就是其中一种。平时在办公桌前坐姿端正就能预防颈椎病的发生。

17. 心理减压的方法和技巧

"老化"是每一个人一生中心理上的疤痕及紧张的总和，如果你的压力指数在 $150\sim300$ 点之间，你会有 50% 的几率在 6 个月内患重病或发生重大意外，而心理压力是与一个人自信心不足、低自尊、不宽容和爱生气有着很大的关系，只靠旅游等外在的减压手段是不够的。自信训练将帮助您处理人际关系的压力，帮助你正确地与他人交往，适当地表达自己的要求、情感和权利，而不伤害他人的利益。

要成为一个自信者，必须准备好以下五点：

（1）决定自己所需要的是什么：这反映了你的权利。

（2）判断自己所需要的是否公平：这反映了他人的权利。

（3）清楚地表达自己的需要。

（4）做好冒险的准备。

（5）保持心情平静。

心理减压要处理的另一件事情就是对于愤怒的管理。事实上，事情或别人并不是造成你愤怒的原因，愤怒是自己造成的，通常受三大信念操纵：

（1）认为别人应该知道你要什么，所以知道如何待你。

（2）认为"这件事或这个处境糟透了，我受不了；

（3）认为"是谁给我惹出这件事情，实在应该受到惩罚"。

所以，当自己头脑中出现了以上的想法，应立刻警觉起来，管好自己，控制自己不要乱发火。

18. "心灵按摩"减压法

情感调节

许多人精力旺盛，情感丰富，情绪波动大，有时会产生一些不良情绪，如果不良情绪所产生的能量难以释放出，就会影响个体身心健康。因此，要学会情感调节，将不良情绪带来的能量引向比较符合社会规范的方向，转化为具有社会价值的积极行动。如把充沛的精力与丰富的情感引导上升为自我教育的动力，多组织大型集体活动，以此调节情感。

理智调节

许多人往往好强气盛，在日常生活中易出现过于强烈的情绪反应，每当此时，思维变得狭隘、情绪难以自控而失去理智。因此，要学会理智调节，无论遇到什么事件，产生什么情绪，都要唤回理智，用理智的头脑分析并进行推理，找出产生不良情绪的原因，从而保持心理平衡。

注意力转移调节

转移注意力在心理保健中是必不可少的，当你心绪不佳，有烦恼时，可以外出参加一些娱乐活动，换换环境，换个想法，忘却不良的情绪。如果你能有意识地强迫自己转移注意力，对于调节情绪有特殊的意义。

合理宣泄调节

情绪有的可以升华，有的也不一定有必要升华，在适当的场合下，合理地宣泄一下自己的情绪，同样可以起到心理调节的作用。要注意情感宣泄的对象、场合、方式等，切不可任意宣泄，以免无端迁怒于他人或他物，造成不良后果。

交往心理调节

当你心情不愉快时，不妨向同学和朋友交谈倾诉一番，特别是向异性朋友倾诉，会产生良好的心理调节作用。美国心理学家调查研究表明，所有的人都可以在异性倾诉中获得比同性倾诉中更高的解决抑郁的功效。

19. 现代心理减压方法

现代生活的压力，像空气一样无时无刻不在挤压着我们。有人总是背负着沉重的压力，损害着健康。那么，怎样才能舒缓压力呢？据研究，下列20种心理调节措施是行之有效的减压方法，供大家参考。

（1）健康的开怀大笑是消除压力的最好方法，也是一种愉快的发泄方法。

（2）高谈阔论会使血压升高，而沉默则有助于降压。在没必要说话时最好保持沉默，听别人说话同样是一件惬意的事。

（3）轻松的音乐有助于缓解压力。如果你懂得弹钢琴、吉他或其他乐器，不妨以此来对付心绪不宁。

（4）阅读书报可以说是最简单、消费最低的轻松消遣方式，不仅有助于缓解压力，还可使人增加知识与乐趣。

（5）做错了事，要想到谁都有可能犯错误，因而继续正常地工作。

（6）在僻静处大声喊叫或放声大哭，也是减轻体内压力的一种方法。

（7）与人为善，千万别怀恨在心。"百年之后"会变得荒唐的怨恨存在自己心理，付出的利息是紧张情绪。

（8）世上没有完美，甚至缺少公正。我努力了，能好最好，好不了也不是自己的错。

（9）学会一定程度的放松，对工作统筹安排，从而能劳逸结合，自在生活。

（10）学会躲避一些不必要、纷繁复杂的活动，从一些人为制造的杂乱和疲劳中摆脱出来。

（11）不要害怕承认自己的能力有限，学会在适当的时候对某些人说："不"。

（12）夜深人静时，让自己的心彻底静下来，不加掩饰，悄悄地讲一些只给自己听的话，然后酣然入梦。

（13）放慢生活节奏，把无所事事的时间也安排在日程表中。

（14）超然洒脱面对人生。想得开没有精神负担，放得下没有心理压力，淡泊为怀，知足常乐。

（15）在非原则问题上不去计较，在细小问题上不去纠缠，对不便回答的问题佯作不懂，对危害自身的问题假装不知，以聪明的"糊涂"舒缓压力。

（16）遇事是否沉着，是一个人是否成熟的标志之一。沉着冷静地处理各种复杂问题，有助于舒缓紧张压力。

（17）不妨给久未联系的亲友写封信，不仅可吐露一下自己的感受，同时也能让对方在收信时得到意外的惊喜。

（18）当你无力改变现状时，你应学会换一个角度看待问题。请独自对困扰你的问题进行分析，然后找出一个最适应的解决方法。

（19）一旦烦躁不安时，请睁大眼睛眺望远方，看看天边会有什么奇特的景象。

（20）既然昨天和以前的日子都过得去，那么今天和往后的日子也一定会安然度过，多念念"车到山前必有路"。

20. 压力导致失眠的解决方案

王小艺的贸易公司在南京开得红红火火，去年，她接到一个新的合作项目，合作对象是美国的一家大公司，由于时差问题，有很长一段时间，她不得不每天在深夜工作，通过电话、邮件等各种方式与国外的合作伙伴进行沟通，交流工作的进展情况。尽管她渐渐适应了这种白天睡觉晚上工作的生活——即便是后来夜里工作的机会越来越少，她也只能抱着枕头"数星星"，她感觉到自己的身体越来越差。开会时，她的注意力不能集中，脑子里经常出现一些乱七八糟的东西；周围环境喧嚣时，她会觉得心烦气躁，反应迟钝，甚至心慌气短；环境太安静，她又会觉得脑子嗡嗡作响。她不得不去医院做全面检查，最后，医生告诉她，她的所有症状都是由严重的失眠引起的，导致失眠的正是沉重的工作压力。

研究表明，人体长期睡眠不足或处于紧张状态，会使神经内分泌的应激调控系统被激活，并逐渐衰竭而发生调节紊乱。引起失眠的因素是多方面的，但大多是因为睡眠习惯不良引发的。譬如睡前大量吸烟、饮酒、喝茶或咖啡、剧烈运动等，都会增加入睡难度，使睡眠质量下降，诱发失眠。还有些人白天睡得过多，昼夜规律紊乱，到了夜间便会入睡困难或睡眠时间过短，呈现失眠状态。

解决方案：从改变生活习惯做起，避免烟、酒、咖啡、茶等刺激品，而且不要在睡前吃甜食。不要长期服用安眠类药物。另外，要注意足部保暖，睡觉时不要开窗，预防过敏物质和噪音，每天尽量争取多睡一会儿。

21. 压力导致头痛的解决方案

某跨国公司的中国区总经理翁先生 40 出头，身体健壮，可是最近，他觉得自己好像得了大病，快撑不住了，不但会没来由地疲倦，而且常常头疼欲裂。医生对他的身体进行了多次检查，并未发现什么大的异常。于是，便请他陈述一下自己的工作状况。原来，两个月前，学校接了一项大工程，项目策划阶段，为了让客户方满意，他不断地审核和修改方案，连续几天都没有回家，每天只能在办公室的沙发上睡几个小时。即使睡下了，他也不能安心，脑子里满是方案，觉得这里不妥，那里还需再斟酌，有时甚至彻夜不眠。

原来，翁先生的偏头疼正是由压力引起的。近年来，表现出类似症状的病人越来越多，这些病人通常都在学校担任要职，工作压力非常大。偏头疼是一种颅脑血管神经功能紊乱，与血液中多种血管活性物质有关的反复发作性头疼。紧张是引发偏头疼的主要根源。

解决方案：预防偏头疼，重要的是平时加强锻炼，在空气新鲜

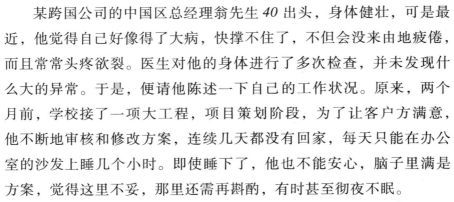

的地方多做深呼吸；多晒太阳；吃一些补脑的食物，注意均衡饮食；注意劳逸结合，每隔一小时要放松一下颈部；睡前听听轻松的音乐，帮助提高睡眠质量。如果头疼症状较为严重，则要遵循医生的建议，进行按摩、热敷或适当使用止痛药。

22. 压力导致心血管疾病的解决方案

其实，压力过大不仅仅会引发偏头疼、失眠等神经性疾病，还会诱发心血管疾病的侵袭，严重者甚至导致死亡。有资料显示，由于饮食和压力的原因，心血管疾病已迅速窜升为许多发达国家的头号杀手。在台湾，心血管疾病的死亡率仅次于癌症。解决方案如下：

坚持每天半小时有氧运动，如散步、慢跑、打太极拳、高尔夫等。科学地安排时间，尽量减少工作量，生活规律，体育运动适度，以健康的体魄来对抗压力。保持良好的心态，演好与压力之间的对手戏。形成张弛有度的生活方式，及时调节情绪和宣泄不良情绪。此外，练习瑜伽和太极拳，对消除压力，缓解心血管疾病的症状也非常有用。培养广泛的兴趣爱好，工作之余养花植树、欣赏音乐、练习书法、绘画、打球等，也可以调和气血，利于健康。

合理饮食也是缓解压力的良方。要尽量少吃高热量的油腻食物，多吃粗纤维的蔬菜，少吃高盐、高糖、高胆固醇的食品。当焦躁、心悸、失眠等情况出现后，可多吃豆类、五谷杂粮、蔬菜水果等食物，避免喝咖啡、浓茶、酒等刺激性饮料；少食辣椒、芥末、花椒、大蒜、葱、姜等辛辣燥热之物。男性经理人可在冬季进补卵磷脂，以增强脑部的活力，具体做法是在日常饮食中多吃富含卵磷脂的大豆、鸡蛋黄等。另外，深海鱼油也是理想的健脑佳品。